HANDS ON!

Bepflanzung und Pflege . . 54

Spezielle Hochbeete 72

Infos und Adressen 78

Foto © Core Mueller/Shutterstock.com

Vorwort

Bei Hochbeeten macht die Ernte besonders Spaß – üppig wachsendes, frisches Gemüse oder Beerenobst kann in angenehmer Höhe bearbeitet und geerntet werden! Hochbeete sind übersichtlich, rückenschonend und auf jedem Boden besonders ertragreich, da sie – unabhängig vom gewachsenen Untergrund – mit dem geeigneten Material befüllt werden. Außerdem sehen sie hübsch aus und können als besondere Gestaltungselemente jeden Garten bereichern. Der Vielfalt an Material und Form sind kaum Grenzen gesetzt. Ob aus Stein, Ziegeln oder aus Holz gebaut, rund, geschwungen oder geradlinig, für jeden ist etwas dabei! Die Beethöhe richtet sich auch nach der Höhe der Bepflanzung, die Pflanzenwahl wird entsprechend des Standorts und der klimatischen Gegebenheiten getroffen.

Ob Gemüse oder Kräuter geerntet werden oder einfach attraktiv blühende Hochbeete als „Eyecatcher" entstehen sollen, bestimmt jeder selbst.

Auf öffentlichen Grünflächen geht es vor allem um die optische Wirkung. In halböffentlichen Einrichtungen wie Kindergärten oder Seniorenwohnheimen stehen sehr spezifische Bedürfnisse im Vordergrund, die einer speziellen Einfühlung und Planung bedürfen.

Vom Kleinkind bis zum Senior – jeder kann sich in passender Höhe am raschen Wachstum und einer reichen Ernte erfreuen und das Gärtnern aktiv miterleben.

Monika Biermaier
Ilse Wrbka-Fuchsig

Januar 2017

Was ist ein Hochbeet?

Hochbeete sind Minigärten in bequemer Arbeitshöhe. Sie werden aufgrund ihrer leichteren, übersichtlichen Bearbeitbarkeit, den früheren Ernten auf kleinem Raum und nicht zuletzt aufgrund ihres gestalterischen Werts immer beliebter. Hochbeete überzeugen zudem mit Höchsterträgen.

Foto © Biermaier

Vom Hügelbeet zum Hochbeet

Die Urform des Hochbeets ist das Hügelbeet, das in Südchina zur Vergrößerung der Anbauflächen entwickelt wurde. Dieses sanft gerundete Beet mit seiner lockeren, nährstoffreichen, aber dränierten Erde war eine gute Möglichkeit, um auch auf ausgelaugten Böden Gemüse erfolgreich anbauen zu können. Auch die Inkas nutzten diese Anbauform bereits vor ca. 1500 Jahren.

Hügelbeete sind längliche, erhöhte Beete, die einer bepflanzten Kompostmiete ähneln. Die höhere Bodenerwärmung und eine bessere Dränage des Bodens, im Vergleich zu normalen Flachbeeten, wirken sich positiv auf das Pflanzenwachstum aus. Sie sind besonders in regenreichen, kühlen Regionen oder bei schweren Böden vorteilhaft.

Foto © Wrbka-Fuchsig

Ein klassisches Hügelbeet.

Als Weiterentwicklung des Hügelbeets kann das Hochbeet angesehen werden. Prinzip und Aufbau sind sehr ähnlich: Es ist ein Hügelbeet mit Einfassung aus den unterschiedlichsten Materialien und kann in verschiedenen Höhen errichtet werden. Zwei- bis viermal so viel Ertrag lässt sich aus gut aufgebauten Hochbeeten erwirtschaften.

Nachteile von Hochbeeten

- Hoher Bau- und Materialaufwand. Kosten und Arbeitsaufwand abhängig vom gewählten Material.
- Höherer Wasserbedarf in windreichen, trockenen Gegenden.
- Schnelle Verrottung des Baumaterials: Auf das richtige Holz achten!

Vorteile von Hochbeeten

- Rückenschonung beim Bearbeiten.
- Hohe Erträge auch auf schlechten, verdichteten und wenig fruchtbaren Böden.
- Komprimierter Anbau auf kleiner Fläche.
- Erhöhte Bodenwärme führt zu schnellerer Reife und frühzeitiger Ernte (ca. 6 Wochen früher).
- Saisonverlängerung: Früherer Anbau im Frühjahr durch Aufsatz (Frühbeet) oder Vlies.
- Kaum Schädlinge: Gute Schutzmöglichkeit vor Wühlmäusen und Nacktschnecken.
- Schutz vor grabenden Hunden und Katzen.
- Wenig Unkraut: Beikräuter können vermieden und leicht entfernt werden.
- Humusvermehrung durch Verrottung der unteren Schichten.
- Keine Staunässe.
- Gestalterisches Element für Garten, Terrasse und Grünflächen.

Prinzip Hochbeet

Bevor man an die Umsetzung eines Hochbeets im eigenen Garten geht, gilt es zu verstehen, wie ein Hochbeet funktioniert und welche grundlegenden Regeln man beachten sollte.

Foto © Brocks

Foto © H.P. Frei/Wikimedia Commons

Foto © DelBoy/Shutterstock.com

Die richtige Dimension

Die Lage des Hochbeets im Garten richtet sich nach den örtlichen Gegebenheiten und den Ansprüchen der Pflanzen, die man darin ziehen will. Für die Bepflanzung mit Gemüse oder Kräutern sollte der Standort so sonnig wie möglich sein. Aber auch in schattigen Lagen kann ein Hochbeet durch bestimmte Pflanzen gestalterische Qualitäten aufweisen, dunkle Bereiche aufhellen oder auch raumbildende Wirkung erzielen. Besonders auf schlechten Böden (verdichtet, steinig, lehmig) können mithilfe von zusätzlichem Erdmaterial in den Hochbeeten hohe Erträge und Blütenreichtum erzielt werden. Die unmittelbare Umgebung des Hochbeets sollte entweder aus Steinplatten, auf denen die Seitenwände stehen, oder aus Schotter, Splitt, Gräder, aus Rindenmulch oder Strauchhäcksel bestehen.

Die Größe Die Breite des Beets sollte 1,2–1,3 m nicht überschreiten, damit es von allen Seiten gut bearbeitbar ist. Hochbeete an Wänden oder Grundstücksgrenzen, die nur von einer Seite bearbeitet werden, sind meist halb so breit. Die Länge ist beliebig wählbar. Die Höhe richtet sich nach den Personen, die das Beet betreuen, und nach den Pflanzen, die darin wachsen sollen. Ein Kräuterhochbeet oder eines mit Polsterpflanzen kann höher sein als ein Beet für Tomaten oder hohe Ziergräser und Kleinsträucher (außer es soll auch als Sichtschutz/zur Abgrenzung dienen).

Die Form des Hochbeets ergibt sich vor allem aus dem verwendeten Material; Holzhochbeete sind meist viereckig oder sechseckig, andere rund, oval oder geschwungen.

Die Wege um das Hochbeet sollten so angelegt werden, dass man mit einer Schubkarre bequem vorbeikommen kann. Als Wegebelag kommen die unterschiedlichsten Materialien infrage, je nach dem Material des Hochbeets und der anderen Gartenwege (siehe Seite 43).

Austrocknen vorbeugen

Damit hohe Seitenwände nicht so massiv erscheinen und die Austrocknung durch Sonneneinstrahlung nicht zu groß wird, können am Rand des Beets herabhängende Pflanzen wie Kapuzinerkresse oder Wicken gesät werden. Ebenso können z. B. Wicken oder Prachtwinden von außen die Wände hochranken. Dies ist allerdings nur in heißen Gegenden von Vorteil, da es darüber hinaus auch das Einwandern von Schnecken erleichtert.

Wenn die Pflanzen tief gepflanzt werden, also das Beet nicht vollständig bis zur Oberkante befüllt wird, ergibt sich ein Windschutz, der ebenfalls vor dem Austrocknen schützt.

Der Rücken freut sich

Ein großer Vorteil von Hochbeeten ist die geringe Belastung für den Rücken beim Arbeiten. Sollen sie im Stehen gepflegt und mit eher niedrigwüchsigen Pflanzen bepflanzt werden, dann sollte der obere Rand auf Höhe des Beckens des Bearbeiters/der Bearbeiterin liegen, meist also zwischen 75 und 100 cm. Angenehm stehen kann man, wenn ein Untertritt von etwa 15 cm Höhe und Tiefe für die Füße frei bleibt. Allerdings ist zu bedenken, dass man bei körpergerechtem Stehen mit lockeren (leicht gebeugten) Knien den Untertritt nicht unbedingt braucht. Ein konisches Beet, dessen Wände sich nach unten verjüngen, ist sinnvoller.

Für Rollstuhlfahrer gibt es spezielle Hochbeetkonstruktionen, die unterfahrbar sind (siehe Seite 73).

Bei richtigem Stand ist die Arbeit am Hochbeet äußerst rückenfreundlich.

Krummer Rücken, Füße nebeneinander

Hohlkreuz, durchgestreckte Knie, Füße nebeneinander

Becken hängen lassen, lockere Knie, ein Fuß vor dem anderen

Nichts ist von Dauer

Über die Jahre verrotten die Pflanzenreste im Hochbeet, wodurch das Erdreich absackt. Deshalb ist es vor dem erneuten Bepflanzen eventuell notwendig, das Beet mit reifem Kompost wieder aufzufüllen. Eine weitere Düngung ist meist nicht erforderlich und sinnvoll. Lediglich Urgesteinsmehl kann zur Bodenverbesserung verwendet werden. Damit können wertvolle Spurenelemente und Mineralien, die durch die Ernte entzogen wurden, wieder zurückgegeben werden.

TIPP!

Bringen Sie die verbrauchte Erde des Hochbeets im Garten aus, sie ist eine hervorragende Bodenverbesserung für Blumen und Gemüsebeete.

Nach fünf bis sieben Jahren sind die Nährstoffe im Hochbeet so weit aufgebraucht, dass man die Beetfüllung komplett austauschen sollte. Das organische Material hat sich in diesem Zeitraum so weit zersetzt, dass das Hochbeet wieder neu befüllt werden sollte.

Vom Kübel zum Hochbeet (nach Kleinod, 2010)

Gefäß	Beschreibung	Bemerkungen
Pflanzkübel	Pflanzgefäß mit 10 l und mehr Inhalt und Wasserabzugslöchern; Material: Ton, Kunststoff, Metall, Keramik; frostfest.	Sollte auf Rolluntersetzern stehen. Im Winter entweder eingraben oder mit Winterschutz (Kokosmatten, Vlies …) abdecken oder umhüllen.
Trog	Längliches Pflanzgefäß mit meist großem Inhalt; Material: Ton, Kunststoff, Holz, Metall.	Wasserabzug gewährleisten! Auf Holzterrassen Ziegel oder Holzstücke darunterlegen, damit die Luft zirkulieren kann.
Hügelbeet	Länglicher Hügel aus Schichten organischen, verrottbaren Materials bis ca. 1 m Höhe; Breite: meist 1,8 m; obere Erdschicht meist mit Gemüse bepflanzt.	N-S-Ausrichtung; sehr produktiv; verrottet rasch: Sackt in den ersten Jahren stark zusammen; nicht rückenschonend.
Hochbeet	Erhöhtes Pflanzbeet mit festen Wänden und charakteristischem Schichtaufbau mit Kontakt zu gewachsenem Boden. Höhe variabel, Beettiefe/-breite: eine bzw. doppelte Armlänge.	Mineralische Dränageschicht in regenreichen Gegenden sinnvoll, ansonsten reicht eine grobe Astschicht zur Durchlüftung. Angelehnt oder frei im Garten.

Übergangsformen

Auf Terrassen und Balkonen gibt es fließende Übergänge zu Trog- und Topfbepflanzungen. Das charakteristische Merkmal der Hochbeete ist der spezifische Schichtaufbau mit verrottbarem Material, wobei durch die Wärmeentwicklung ein besonders günstiges Kleinklima geschaffen wird und nährstoffbegünstigte Standorte entstehen. Dafür ist ein offener Bodenaustausch wesentlich, was auf Terrassen und Balkonen nicht gut möglich ist.

Der Klassiker im Schichtaufbau

Die jeweilige Schichtdicke richtet sich nach der gewünschten Hochbeethöhe, üblicherweise geht man von einer Schichthöhe von etwa 25 bis 40 cm aus.

„Klassisches" Hochbeet (100 cm hoch):

- 40 cm Dränageschicht
- 20 cm Laub, Grassoden oder ähnliche Gartenabfälle
- 20 cm Grobkompost
- 20 cm Feinkompost mit Mutterboden/Gartenerde

Die Schichten eines typischen Hochbeets

Der richtige Aufbau

Wesentlich ist, dass das Hochbeet auf einem gewachsenen Mutterboden, also keinesfalls auf Beton oder einer anderen Fläche, die den direkten Erdkontakt verhindert, aufgestellt wird. Nur so kann die charakteristische Befüllung teilweise verrotten und die dadurch freigesetzte Wärme und die Huminstoffe genutzt werden. Durch diese für das Mikroklima im Beet und die Produktivität günstigen Verrottungsprozesse muss allerdings auch damit gerechnet werden, dass das Beet um ca. 8–12 cm pro Jahr absackt. Es sollte daher im Frühjahr mit Erde und Feinkompost aufgefüllt werden. Nach ca. 3 Jahren nimmt die Wärmewirkung ab, nach 7–8 Jahren ist auch der innere Holzkern abgebaut und das Hochbeet muss neu befüllt werden.

Ziemlich unabhängig davon, aus welchem Material das Hochbeet gebaut wird, sind die meisten Hochbeete aus einer Dränageschicht und dem eigentlichen Substrat aufgebaut.

Die Dränageschicht gewährleistet den Wasserabzug, gute Durchlüftung und dient als Füllmaterial für den höheren Aufbau. Prinzipiell kann man zwischen einer organischen und einer mineralischen Dränageschicht unterscheiden.

Die ***organische Dränageschicht*** besteht aus groben Ästen, Holzabfällen oder grobem Häckselgut. Diese lockere Füllung zieht Wühlmäuse und andere Mäuse an, daher sollte ein engmaschiges Kaninchengitter als Wühlmausschutz am Boden darunter ausgelegt und ca. 30 cm an den Seitenwänden hochgezogen und befestigt werden.

Die ***mineralische Dränage*** ist in feuchten Gegenden mit schweren Böden günstiger. Wählt man eine mineralische Dränage (z. B. Splitt, Grädermaterial, Lochziegel, Steine, Schotter, Lavabims …), so braucht man keinen Kaninchendraht, aber ein Vlies, das man über den Steinen verlegt. Damit vermeidet man ein Einschwemmen der darüberliegenden Erde. Diese Variante wird vor allem in Gegenden mit vielen Nacktschnecken empfohlen und für Kräuterbeete, die eher aus mineralischem Material aufgebaut sind. Wird die mineralische Dränageschicht in Kombination mit Dachsubstrat oder ähnlichem Material ohne Grobkompostanteil (im Grobkompost könnten sich Nacktschnecken befinden) gewählt, hat man die Schnecken vom Inneren des Beets gebannt.

Diese Methode entspricht aber eher einer Trogbepflanzung als dem Prinzip des Hochbeets. Mit einer hohen mineralischen Dränageschicht entsteht nämlich auch für andere, für den Zersetzungsprozess wichtige, Lebewesen eine Barriere, die bei größerer Schichtdicke nicht leicht überwunden werden kann. Die Kompostwürmer (spezielle Regenwurmart, meist *Eisenia fetida*), die für die Bearbeitung des Grobkomposts in der Verrottungsschicht wichtig sind, finden ihren Weg nur schwer durch die mineralische Dränage.

Verrottungsschicht Über die Dränageschicht kommen Rasensoden, Laub oder Stroh, je nachdem, welches Material gerade im Garten vorhanden ist. Daher ist die beste Zeit zum Bau eines Hochbeets der Herbst, wenn genügend Astmaterial und Laub zur Verfügung steht. Der zweite Teil der Verrottungsschicht besteht aus halb reifem Kompost oder verrottetem Stallmist.

Pflanzsubstrat Als letzte Schicht folgt Gartenerde, die mit reifem Kompost vermischt wird.

Hügel- und Hochbeete sind Warmbeete. Sie erwärmen sich schneller als Flachbeete, auf denen die schwere bodennahe Kaltluft oft lange liegen bleibt. Die schrägen Flächen der Hügelbeete und noch stärker die senkrechten Seitenwände der Hochbeete nehmen mehr Wärme auf und leiten sie ins Innere. Die Holz-, Reisig-, Laub- und Strohmassen im unteren Teil des Beets isolieren gegen den kühlen Boden. Verrottungsprozesse im Inneren „heizen die Beete auf". Eine um 1–4 °C höhere Temperatur begünstigt Keimung und Wachstum der Pflanzen und macht zwei bis drei Ernten im Jahr zum Normalfall. Die Rotte produziert im Beet einen erhöhten Kohlendioxidausstoß, was die Fotosyntheseleistung der Pflanzen verbessert und diese zu erhöhter Assimilation anregt. Jedes Hochbeet trägt auch zur Kreislaufwirtschaft bei, indem es Gartenabfälle in wertvollen Humus verwandelt und die entstehende Wärme rasches Pflanzenwachstum fördert. Auch kann ein Teil des (angetrockneten) Grasschnittes dem Gemüsehochbeet als wertvolle Mulchauflage zugeführt werden und dient als Schutz vor Austrocknung und zur Humusanreicherung.

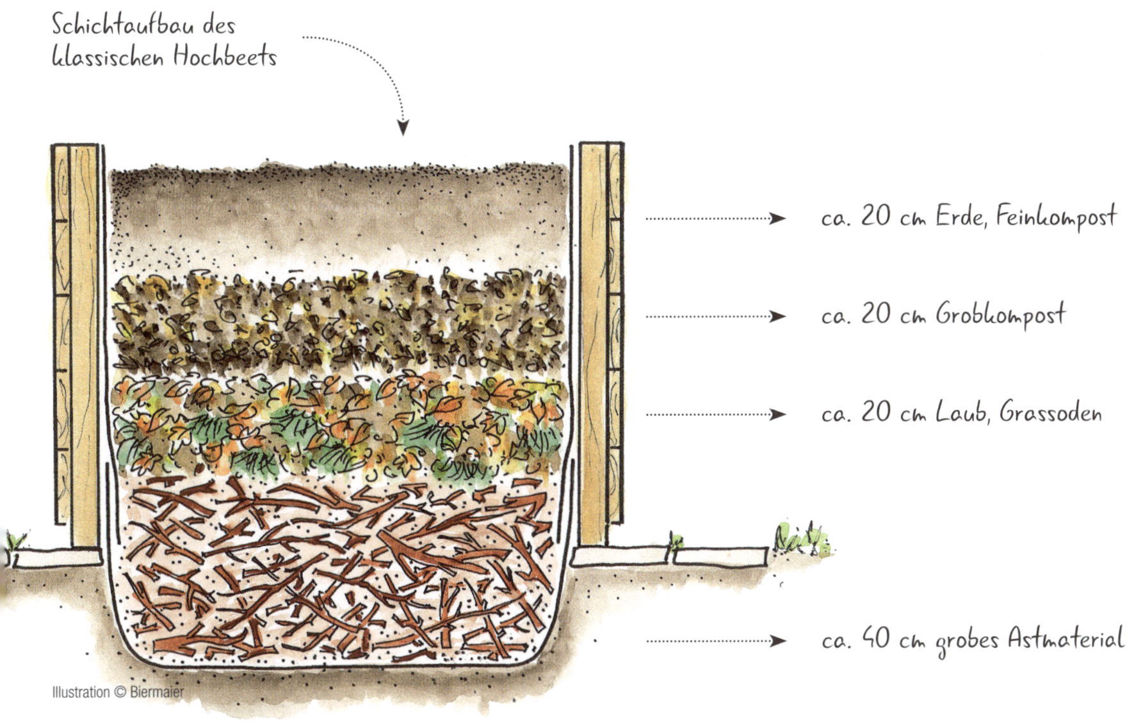

Illustration © Biermaier

Hochbeete bauen

Werden die grundlegenden Maße für ein Hochbeet und der richtige Standort dafür beachtet, gibt es einen großen Freiraum an Materialien und Formen: Mit Bauten aus Holz, Naturstein, Drahtkörben, Ziegeln, Kunststeinen, Pflanzengeflechten und alten Regentonnen oder Trögen werden die Beete in höhere Lagen gebracht und die Pflanzen mit frischer Erde versorgt. Der Platz im Garten wird optimal ausgenutzt, und Kräuter, Gemüse, Beeren und Blumen können bequem gepflegt und geerntet werden.

Foto © Biermaier

Welcher Hochbeettyp sind Sie?

Das Grundprinzip – ein abgegrenztes Beet in erhöhter Lage – lässt sich auf verschiedenste Weise realisieren. Wesentlich dabei ist nur, dass von unten Kontakt mit dem gewachsenen Mutterboden besteht. Die einfachste und durchaus zweckmäßige Form ist eine Kiste ohne Boden. Davon abweichend ist ein Hochbeet in vielen beliebigen Formen möglich. Ob geschwungen, rund, mit Ecken, nach unten verjüngt oder in unterschiedlicher Höhe ist Frage der vorgesehenen Verwendung des Materials und des Anspruchs an den Gestaltungseffekt. Doch es sind einige grundlegende Kriterien bezüglich der Größe, Breite und Höhe zu beachten.

Soll nur die Funktion erfüllt werden, reicht die einfache große Kiste. Ein Hochbeet kann aber zugleich ein besonderes Gartenelement darstellen, bewusst neue Formen und Strukturen in den Garten einbringen und zur Abgrenzung oder Unterteilung von Gartenräumen eingesetzt werden. Ein entscheidendes Kriterium ist, ob das Hochbeet ein eher flexibles „Gartenmöbel" sein soll, das vielleicht einmal seinen Platz wechseln wird, oder ob es als möglichst stabile und dauerhafte Einrichtung vorgesehen ist. Im Bausatzsystem kann es zusammengesteckt und wieder zerlegt werden; mit fix im Boden verankerten Stehern hingegen steht es stabil und unverrückbar an seinem Ort.

Hochbeete mit Wänden aus Holz oder Weidengeflecht sind nicht so witterungsbeständig wie jene aus Stein, können aber gut „gewartet" oder verändert werden. Einfassungen aus trocken verlegtem Klinker oder Naturstein fügen sich leichter in die Gartenlandschaft ein als gemauerte Wände. Welcher Hochbeettyp sind Sie?

Foto © Patrizia Tilly/Fotolia.de

Die wichtigsten Maße

- Höhe: im Stehen 75–100 cm, im Sitzen 50–60 cm (für hoch wachsende Pflanzen Beethöhe entsprechend niedriger wählen)
- Breite: 100–120 cm (Bearbeitung von beiden Seiten), 60–80 cm (Bearbeitung von einer Seite)
- Länge: beliebig, Standard 140–160 cm

TIPP!

Als Richtwert für die passende Höhe des Hochbeets kann die Höhe der Arbeitsflächen in der Küche herangezogen werden.

Alles im Rahmen!

Ob aus Holz oder aus Stein: Die richtige Höhe und Breite entscheidet darüber, wie pflegeleicht ein Hochbeet ist.

Foto © Chepko Daniel Vitalevich/Shutterstock.com

Foto © GartenAkademie

Richtig bemessen Zu den vielen Vorteilen, die ein Hochbeet hat, zählt die bequeme und rückenschonende Bearbeitungsmöglichkeit. Diese kommt jedoch nur zum Tragen, wenn die Höhe richtig gewählt wurde. Standardmäßig ist das Hochbeet für die Bearbeitung im Stehen und für niedrige (Gemüse-)Pflanzen ausgelegt. Im Stehen lässt es sich etwa auf Hüfthöhe am besten arbeiten, also bei ca. 75–100 cm. Ein großer Mensch braucht natürlich eine höhere Arbeitsfläche als ein kleiner.

Beete in der Höhe von 50–60 cm bieten Menschen auch im Sitzen die Möglichkeit, die Pflanzen mit den Händen gut zu erreichen und sie genau zu beobachten. Auch für hoch wachsende Tomaten und Beerensträucher ist es sinnvoll, niedrige Hochbeete bis zu einer Höhe von ca. 60 cm anzulegen. Im Hochbeet sind Pflanzen, für die man sich sonst bücken müsste, auf praktischer Höhe: Die Früchte reifen regelrecht vor der Nase heran, zum Pflücken braucht man fast nur noch die Hand auszustrecken.

Die Breite des Hochbeets ergibt sich aus der praktischen Bearbeitbarkeit der Beetfläche. Bei einem beidseitig begehbaren Hochbeet von 120 cm Breite kann die Mitte bequem mit der Hand erreicht werden, wenn man davorsteht. Bei einem einseitig erreichbaren Beet (z. B. an einer Mauer oder an einem Zaun) sind 60–80 cm Breite zu empfehlen. Die Länge wie auch die Form sind beliebig. Je länger, desto mehr Anbaufläche steht nach der Fertigstellung zur Verfügung. Allerdings wird auch entsprechend mehr Material benötigt, sowohl zur Herstellung der Wände als auch zur Befüllung der „Kiste".

Lange Hochbeete tragen durch das eingefüllte Material ein enormes Gewicht, brauchen also besonders stabile Seitenwände und eventuell Querverbindungen, die dem Druck von Erde und Wasser standhalten.

Materialvielfalt

Das Material für Hochbeete mit Steineinfassung sammelt man am besten in der Umgebung.

Für Hochbeete können alle Rohstoffe verwendet werden, die sich zum Bauen im Freien eignen und ökologisch unbedenklich sind. Am umweltfreundlichsten sind unbehandeltes Holz und Steine aus der Region. Heimisches Baumaterial zu verwenden entspricht dem Gedanken der Nachhaltigkeit, nicht nur ökologisch zu wirtschaften und das Gemüse direkt vor dem Haus zu ziehen, sondern dafür auch keine langen Transporte in Kauf zu nehmen.

Stapeln Sie das im Garten anfallende „Totholz" – so bieten Sie Insekten einen wertvollen Lebensraum, die wiederum den Vögeln und anderen Kleintieren als Nahrung dienen.

Foto © DMMB/Shutterstock.com

Hochbeete aus Holz

Im Prinzip ist ein Hochbeet eine große Kiste ohne Boden. Diese Kiste kann aus Pfosten, Brettern oder Rundhölzern gebaut werden. Je härter und widerstandsfähiger die verwendete Holzart ist, desto länger hält das Hochbeet der Verwitterung stand. Am besten eignen sich langlebige Hölzer aus unseren Breiten, allen voran Lärchenholz, aber auch andere Harthölzer wie Eiche, Robinie oder heimisch gewachsene Douglasie. Bei sachgemäßem Aufbau hat man so mit dem Beet mehr als zehn Jahre Freude. Weichhölzer wie Fichte und Kiefer sind zwar billiger und leichter zu verarbeiten, bei Nässe und Feuchtigkeit beginnen sie aber bereits nach wenigen Jahren zu verrotten.

Die Oberfläche der Bretter kann sägerau oder gehobelt sein, wobei gehobeltes Holz zu bevorzugen ist, weil man bei der Gartenarbeit nicht hängen bleibt, wenn man sich anlehnt. Prinzipiell soll das Holz nicht mit chemischen Mitteln behandelt werden, damit das selbst angebaute Biogemüse keine versteckte Schadstoffbelastung auf den Teller bringt. Trockenes Hartholz hat eine lange Lebensdauer, wenn darauf geachtet wird, dass es gut belüftet und nicht dauernd nass ist. Und wenn es einmal seinen Dienst als Hochbeet getan hat und verrottet, kann es wieder in den Kreislauf der Natur zurück.

Langes Leben für Holzhochbeete

- Trockenes und langlebiges Holz verwenden (Lärche, Eiche, Douglasie).
- Möglichst frei stehend und gut belüftet bauen.
- Keine Staunässe, nicht dauernd in Kontakt mit feuchter Erde.
- Eventuell schützende Abdeckung, Regenwasser gut ablaufen lassen.
- Mit Noppenfolie auskleiden.
- Erddruck von innen beachten – stabil bauen.

Foto © Wrbka-Fuchsig

Foto © Brocks

Vorbehandeltes Holz

Im Handel werden diverse Holzprodukte angeboten, die auf verschiedenste Arten vorbehandelt wurden.

Thermoholz wird bei Temperaturen von ca. 200 °C „angekohlt". Dadurch wird der Zellulosebestandteil im Holz in Lignin umgewandelt und verrottet auch bei Feuchtigkeit nicht so schnell. Die dunkle Farbe des Thermoholzes bleibt auf Dauer nicht erhalten, es wird mit der Zeit hellgrau wie jedes Holz, das der Witterung ausgesetzt ist. Durch die Hitzebehandlung wird Thermoholz spröder. Es kann ohne Bedenken im Garten eingesetzt werden, ist allerdings um einiges teurer als unbehandeltes Holz. Das Ankohlen an sich ist eine altbewährte Methode, Holzpflöcke witterungsbeständiger zu machen. Die Holzpflöcke werden an einem Ende abgeflämmt, bevor sie in der Erde versenkt werden. So halten beispielsweise einfach gebaute Weidenzäune wesentlich länger der Verrottung stand.

Druckimprägniertes Holz wird unter Druck chemisch behandelt, bei der Entsorgung gilt es als Sondermüll. Die Chemikalien laugen mit der Zeit aus und gehen in den Boden über, es ist daher für den Kontakt mit Erde ungeeignet.

Zum Schutz des Holzes ist es prinzipiell ratsam, auf der Innenseite der Hochbeetwände eine Folie auszulegen, die sie vom feuchten Erdmaterial trennt. Dazu verwendet man vorzugsweise eine Noppenmatte, die zusätzlich für Hinterlüftung sorgt: Durch die Noppen liegt die Folie nicht direkt auf dem Holz und lässt noch Luft an die Innenseite der Wände. Eingedrungenes Wasser kann leichter abfließen. Die schwarzen oder braunen Noppenmatten aus Polyethylen werden zum Schutz von Kellerabdichtungen verwendet, wo sie die Mauer vor dem Erdreich schützen. Sie sind verrottungs- und wasserfest und ab Breiten von 0,5 m (1 m, 1,5 m usw.) in Baumärkten erhältlich.

Unbedingt vermeiden!

Gänzlich ungeeignet für den „Hausgebrauch" sind ausgediente Bahnschwellen und Telefonmasten. Auf den ersten Blick scheinen die massiven, äußerst witterungsbeständigen Holzbalken ideal für verschiedenste Gestaltungsideen im Garten. Durch die starke Imprägnierung mit teerölhaltigen Holzschutzmitteln halten sie über Jahrzehnte, geben allerdings auch genauso lange giftige Schadstoffe ab. Diese treten nach und nach an der Oberfläche des Holzes aus, vor allem in der Wärme starker Sonneneinstrahlung. Zusätzlich können Reste von Unkrautvernichtungsmitteln an ihnen haften. Bei der Entsorgung werden sie als Sondermüll behandelt.

Inzwischen ist der Verkauf alter Schwellen an Privatgärten verboten. Gibt es bereits alte Bahnschwellen im Garten, sollte der Hautkontakt mit den austretenden Teerölen unbedingt vermieden und die Schwellen auf keinen Fall im Spielbereich oder im Nutzgarten belassen werden. Als Rahmen für Obst, Kräuter und Gemüse sind sie doppelt ungeeignet: Die Schadstoffe gelangen über die Erde bis zu den Wurzeln der Pflanzen. Auch Grünschnitt, Laub und Kompost sollten nur in einiger Entfernung (mindestens 1 m) gelagert werden, denn nach dem Verrotten finden diese als wertvolle Komposterde wieder Eingang in den Garten und sollten frei von Schadstoffbelastung sein.

Hochbeet aus dicken Brettern

Wenn die Bretter ausreichend dick sind (mindestens 4 cm), können sie einfach übereinandergestellt werden. In den Ecken werden sie wechselseitig versetzt und zusammengeschraubt.

Illustration © Biermaier

Dicke Bretter werden versetzt verarbeitet und direkt verschraubt. Steinplatten schützen vor dem Verrotten.

Die offene Kiste steht direkt am Boden, deshalb ist es wichtig, den Untergrund möglichst eben und waagrecht vorzubereiten. Auch liegen die untersten Bretter am Boden auf und sind am schnellsten dem Verrotten ausgesetzt. Damit sie möglichst trocken bleiben, können sie beispielsweise auf Steinplatten aufgelegt werden. Diese sollten aber nur am Rand liegen, damit im Inneren des Hochbeets der Bodenkontakt bestehen bleibt. Größere Platten können so nach außen verlegt werden, dass sie eine trockene Begehbarkeit rund um das Hochbeet ermöglichen.

Fotos © Wrbka-Fuchsig

Noppenmatten aus Polyethylen schützen die Wände des Hochbeets vor Feuchtigkeit von innen.

Handelsübliche Bausätze

Foto © MikeDotta/Shutterstock.com

Statt Holzpfosten werden auch vorgefertigte Metallwinkel angeboten, die an die Bretter geschraubt werden, oder Metallleisten mit U-Profilen, in die die Bretter nur gesteckt werden müssen. Diese Systeme haben den Vorteil, dass sie zumindest anfangs leicht zerlegt werden können; Nachteil ist der durchgehende Bodenkontakt der untersten Reihe.

Im Handel gibt es verschiedene Fertigbausätze. Meist sind sie aus Lärchenholz, eventuell mit Eckverbindungen aus Metall. Die einzelnen Holz- und Metallteile werden einfach zusammengesteckt.

Hochbeet aus Eckpfosten und Brettern

Bei dieser Variante werden dünnere Bretter an vier Eckpfosten geschraubt. Diese Bauweise ist sehr einfach und preisgünstig. Außerdem können die Bretter ca. 3 cm höher an den Pfosten befestigt werden, die damit, so wie Kastenbeine, „das Hochbeet tragen". Damit liegt wenig Holz direkt am Boden auf, das der Verrottung ausgesetzt ist. Da das Hochbeet innen mit Folie ausgekleidet wird, kann kein Erdmaterial durch den basalen Spalt ausfließen.

Hochbeete, die länger als 2 m sind, benötigen einen Zwischenpfosten, Längsverstrebungen oder eine Querverbindung in der Mitte, die die gegenüberliegenden Längsseiten zusammenhält. Die Erdlast des Füllmaterials würde sonst die Seiten auseinanderdrücken. Der Zwischenpfosten wird auf der Außenseite angebracht, um dem Druck von innen entgegenwirken zu können.

Frei aufgestellt Für diese Bauweise werden die vier Eckpfosten mit der untersten Reihe der Bretter verbunden. Der Rahmen der „Kiste" wird auf den vorbereiteten Platz gestellt und die restlichen Längsbretter angeschraubt.

Im Boden verankert Diese Hochbeete sind sehr stabil und vor allem bei unebenem Gelände sinnvoll, wo die Gefahr des Abrutschens besteht. Die Metallschuhe (Metallspitzen) werden in die Erde geschlagen und die Pfosten darin verschraubt. Oder es werden Punktfundamente hergestellt, in die ein Metallwinkel zur Befestigung der Pfosten eingelassen wird. Mit den ersten angeschraubten Brettern entsteht der unterste Rahmen des Hochbeets, der mit weiteren Brettern nach oben hin ergänzt wird.

Hochbeet aus ungesäumten Brettern

Ungesäumte, das heißt raue Bretter mit Rinde, so wie sie sich ergeben, wenn der Baumstamm in Längsscheiben geschnitten wird, können zu rustikalen und sehr individuellen Hochbeeten zusammengebaut werden. Sie wirken nicht so kastenförmig, sondern natürlicher gewachsen. Spalten zwischen den Brettern lassen sich nicht vermeiden, durch die Folie dahinter rinnt jedoch keine Erde aus.

Fichtenholz ist Weichholz. Es lässt sich gut bearbeiten, wird dafür aber auch rascher morsch.

Hochbeet aus Rundhölzern oder Baumstämmen

Rundhölzer geben dem Hochbeet von vornherein einen rustikalen Charakter. Sie werden übereinandergestapelt und von senkrecht stehenden Vierkanthölzern gehalten. Oder man versieht sie mit Kerben in den Ecken und verkeilt sie ineinander. Wer in schweren Holzarbeiten nicht so geübt ist, kann sich die Rundhölzer samt Kerben zuschneiden lassen. Für große Hochbeete sind Rundhölzer oder auch lange dünne Baumstämme – meist aus Fichtenholz – gut geeignet. Die langen Pfosten der Seitenwände müssen allerdings durch Mittelpfosten auf der Außenseite gestützt werden. Die untersten Stämme liegen mit dem Holz ganz auf dem Boden auf, dieser sollte daher möglichst trocken sein. Am besten wird das Hochbeet auf eine Reihe Steine, auf Kies oder Platten gestellt.

Interessant sieht ein Hochbeet aus Rundhölzern aus, das sich nach unten konisch verjüngt. Diese Form hat den Vorteil, dass die Füße viel Platz haben, auch wenn man knapp davorsteht.

Die Anbaufläche im konischen Hochbeet lässt sich angenehm bearbeiten.

Foto © Biermaier

Foto © jgolby/Shutterstock.com

HANDS ON!

PRAXIS

Schritt für Schritt zum Hochbeet

Wer zur Tat schreiten und das nächste Mal Salat aus dem Hochbeet ernten möchte, bekommt hier eine genaue Anleitung für die Errichtung eines frei aufgestellten Holzhochbeets aus Vierkanthölzern und Brettern. Sind ein geeigneter Standort (siehe Seiten 36 und 39) festgelegt, Material eingekauft und das notwendige Werkzeug zur Hand, folgt der Arbeitseinsatz. Der Aufwand lohnt sich, in den nächsten Jahren kann man sich über die übersichtliche und leicht bearbeitbare Beetfläche freuen und mit reicher Ernte rechnen.

Dieses Hochbeet ist für die Nutzung als Gemüsebeet zur Bearbeitung im Stehen gedacht und 85 cm hoch. Je dicker die Bretter, desto weniger besteht die Gefahr, dass sie sich ausbauchen. Im Zweifelsfall sollten Querverstrebungen eingeplant werden.

Einkaufsliste

Material:

- Lärchenholz
  - 4 Vierkanthölzer, 8 × 8 cm, 85 cm hoch
  - 10 Bretter, gehobelt, 2,5–3 cm stark, 120 cm lang, 16 cm breit
  - 10 Bretter, gehobelt, 160 cm lang, 16 cm breit
- 80 Stk. Edelstahlschrauben (5 mm Durchmesser, 80 mm Länge)
- 6 m Noppenfolie, 1 m breit
- 4,5 m Wühlmausgitter (verzinktes Kaninchengitter mit 6–10 mm Maschenweite), 1 m breit

Werkzeuge

- Spaten, Schaufel, evtl. Grabgabel
- Bohrer, Bohrschrauber, Wasserwaage
- Tacker oder Hammer und kleine Nägel zur Befestigung von Matte und Gitter

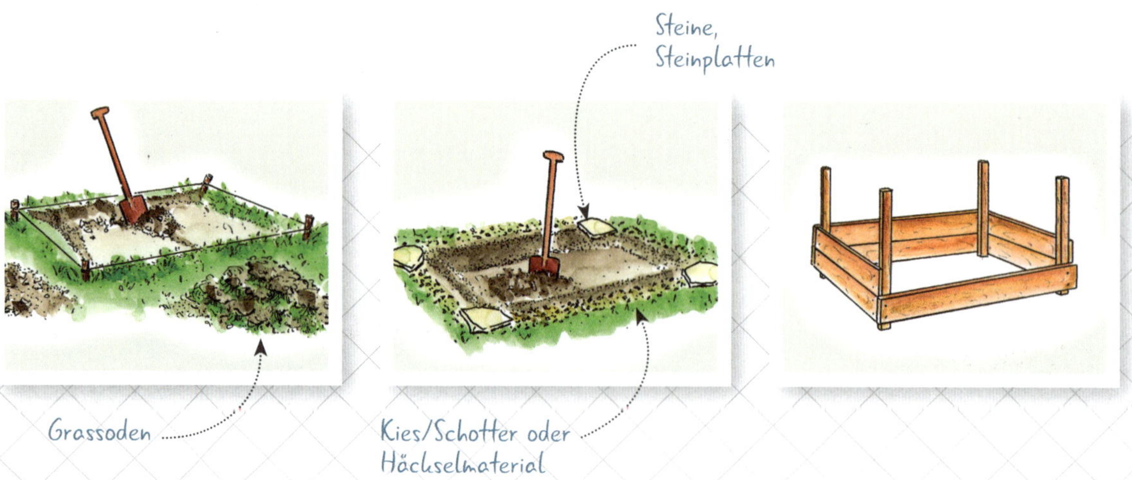

Hochbeet aus Lärchenholz, 120 x 160 cm, 85 cm hoch

Bau:

1. Am Boden die geplante Fläche für das Hochbeet abstecken oder einige Bretter als Markierung auflegen.
2. Erde innerhalb des abgesteckten Bereichs 25–30 cm tief abtragen – das Hochbeet soll auf dem gewachsenen Boden stehen und nicht in der Mulde versinken.
3. Geeignetes Erdmaterial und Grassoden seitlich lagern. Unterboden mit einer Grabgabel lockern.
4. Im Bereich der Steher den Boden evtl. mit Steinen oder Steinplatten ausgleichen oder Rand nach außen hin zur Gänze mit Steinen auslegen.
5. Evtl. Löcher für die Schrauben im Holz vorbohren.
6. Je 2 Holzsteher 3 cm von einem Ende entfernt mit den untersten Brettern der Schmalseite (120 cm) verbinden.
7. Die untersten Bretter der Längsseite montieren – der Rahmen steht.
8. Eine weitere Reihe Bretter montieren.
9. An die gewünschte Stelle bringen und im rechten Winkel ausrichten.
10. Wühlmausgitter mit 20–30 cm Überlappung auslegen und unten innen befestigen.
11. Bretter der Seitenwände bis oben montieren.
12. Noppenfolie innen auslegen. Wichtig: Noppen schauen zur Holzseite, damit nur die Noppen und nicht die ganze Folie am Holz aufliegen; Folie am Boden zur Mitte hin knicken, damit durch den Spalt unten kein Füllmaterial ausrinnen kann.

Befüllung:

Das Hochbeet ist fertig! Nun kann es befüllt werden (pro Schicht jeweils 20 cm und mehr):

1. Zuunterst grobes Astmaterial zur Belüftung
2. Darauf kleinere Zweige, Staudenrückschnitt, Laub
3. Abdecken mit den vorher ausgehobenen Grassoden (mit den Wurzeln nach oben) oder Grasschnitt, Heu oder Stroh
4. Halb verrotteter Kompost oder Stallmist
5. Feiner Kompost und Erde vom Aushub
6. Evtl. eine dünne Schicht Gesteinsmehl auf holzige Schicht, Hornspäne zu Kompost

Im Herbst kann die Auffüllung nach und nach erfolgen. Im Frühjahr wird gleich ganz aufgefüllt, nach der letzten Schicht kann es mit der Bepflanzung in wenigen Tagen losgehen.

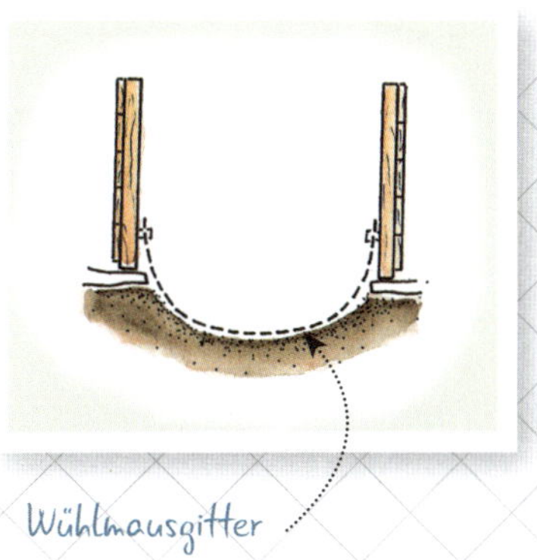

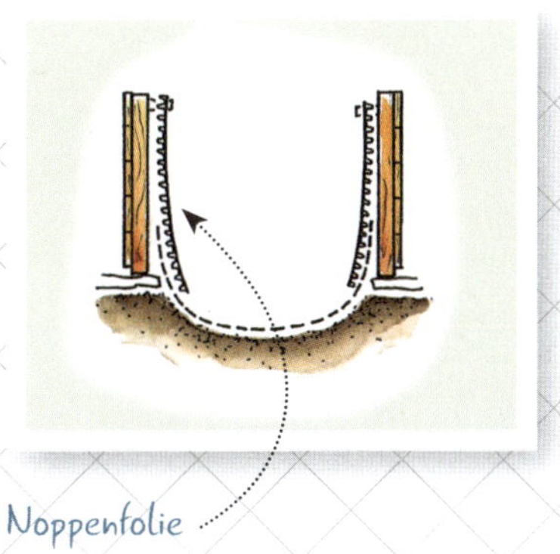

Hochbeete aus Ziegeln oder Klinker

Foto © Wrbka-Fuchsig

Ein trocken aufgeschichtetes Ziegelhochbeet auf Lücke gelegt sieht ansprechend aus und ist schnell errichtet.

Foto © Biermaier

Ein Hochbeet aus Ziegeln oder Klinker kann eine sehr lockere, variable Sache sein – oder sehr standfest und lange haltbar. Je nachdem, ob sie trocken übereinandergelegt oder richtig gemauert werden. Und mit Ziegeln kann frei modelliert werden: im Bogen, in Wellen, mit zusätzlichen Sitz- und Ablageflächen. Eine freie kreative Gestaltung ist ohne lange Vorarbeiten möglich – aber bitte nicht ganz ohne Planung.

Ziegel haben gerade die richtige Breite, um dem Beet genügend Stabilität zu verleihen und um bei der Bearbeitung nicht zu weit über den Rand greifen zu müssen. Werden die Ziegel einfach trocken übereinandergelegt, ist das Hochbeet rasch auf- und gegebenenfalls auch wieder abgebaut. Auch für Hobbygärtner, die nicht unbedingt an Schwerarbeit gewöhnt sind, ist diese gewichtige Arbeit zu bewältigen. Solch ein trocken aufgestelltes Hochbeet ist nicht so unumstößlich und regelmäßig wie jenes, dessen Ziegelwände mit Mörtel verklebt wurden. Im Garten macht gerade dies einen eigenen Charme aus.

Werden die Ziegel mit Lückenabstand übereinandergeschichtet, ist der Materialverbrauch geringer. Auch das sieht gut aus, und da das dahinterliegende Material in einer Folie oder einem Vlies zusammengehalten wird, kann die Erde nicht durch die Lücken rieseln.

Die verwendeten Ziegel sollten allerdings frostfest sein, sonst zerfallen sie, wenn das eingedrungene Wasser friert und die Hohlräume sprengt. Frostfeste Ziegel oder Klinker wurden bei sehr hohen Temperaturen gebrannt, dabei haben sich die Poren im Ton geschlossen. Vor allem für gemauerte Hochbeete sind auf jeden Fall frostfeste Ziegel zu verwenden. Mit Mörtel verklebt sind diese Hochbeete sehr stabil und „unverrückbar".

Die natürlichen Farbtöne von gebranntem Ton und auch die freiere Gestaltungsmöglichkeit machen ein Ziegelhochbeet zu einem optisch ansprechenden Element im Garten.

Hochbeete aus Naturstein

Hochbeete aus Naturstein sind besonders schöne Gestaltungselemente. Sie fügen sich mit ihrer strukturierten Oberfläche harmonisch in eine natürliche Gartengestaltung ein. Der Bau an sich ist kein leichtes Unterfangen für ungeübte Maurer und Steinsetzer. Die Steine müssen sicher übereinanderliegen, damit die aufgezogene Mauer stabil ist und dem Erddruck von innen standhält. Bis zu einer Höhe von ca. einem Meter ist dies aber durchaus noch von Laien durchführbar. Dabei darf das Gewicht der einzelnen Steine nicht unterschätzt werden, auch wenn diese nicht zu groß sein sollten. Einerseits, weil das Hochbeet sonst zu wuchtig wirken würde, und andererseits, weil man sonst nicht mehr gut über den Rand greifen kann.

Foto © Haas

Foto © AndreHelbig/Shutterstock.com

Foto © Wrbka-Fuchsig

Die Ritzen des Steinhochbeets bieten Lebensraum für Tiere und trockenheitsliebende Pflanzen.

Quaderförmig behauene Steine werden mehr oder weniger übereinandergestellt. Je nach Rauheit oder Unregelmäßigkeit der Blöcke werden große Spalten mit kleinen Steinen ausgeglichen, damit die Steinreihen bis oben hin waagrecht und gut aneinanderpassen. Aus flachen Steinen oder Schieferplatten mit unregelmäßiger Form ist der Aufbau mehr Arbeit. Es müssen mehr Steine gestapelt werden, und oft wird lange probiert, bis sie sich gut aneinanderfügen. Verschieden große und hohe Steine sind eine besondere Herausforderung und verlangen je nach Erfahrung viel Geduld. Das Ergebnis lohnt sich jedenfalls! Prinzipiell sollte die oberste Reihe einen schönen geraden Abschluss bilden; sie dient zugleich zum Abstellen von Gießkanne und anderen Arbeitsutensilien.

Mit Mörtel verklebt wird das Hochbeet noch mehr zum Bauwerk. Auch hier sollte man auf ein schönes Fugenbild und auf eine Möglichkeit zum Wasserabfluss achten.

Die Kunst des Steinelegens besteht darin, die Steine so übereinanderzuschichten, dass eine harmonische Steinmauer entsteht.

Trocken verlegt kann überschüssiges Wasser gut abrinnen; kleidet man das Hochbeet mit einem Vlies aus, wird kein Erdmaterial ausgeschwemmt.

Zugleich entsteht für Tiere in den Nischen ein neuer Lebensraum, auch ein paar Kräuter finden darin noch Platz – solch ein Hochbeet hat alle Vorteile einer Trockensteinmauer.

Hochbeete aus Gabionen

Unter Gabionen versteht man meist mit Schotter, seltener mit Natursteinen gefüllte Drahtkörbe, die vor allem der Böschungssicherung dienen.

Gabionen als Seitenwände

Es gibt aber auch schmale Varianten, die leichter geformt werden können und sich als Wandaufbau für Hochbeet oder Kräuterspirale eignen. Mit einer Breite von 10–12 cm wirken sie nicht zu massiv und man kann angenehm über sie hinweggreifen, um Kräuter und Gemüse zu ernten. Sie sind in verschiedenen Höhen und Längen erhältlich oder können nach Maß bestellt werden. Die Körbe sind wie Selbstbaumöbel in Schachteln zusammengelegt und leicht zu transportieren. Die einzelnen Drahtgitter werden vor Ort zusammengesetzt und miteinander verbunden.

Gabionen sind so dauerhaft und massiv wie eine Steinmauer. Wichtig beim Aufstellen ist ein gerader Untergrund.

Manchen Hobbygärtnern ist dieses System gerade recht, weil sie es ohne viel Aufwand aufbauen können. Die Bauweise ist einfach und die einzelnen Steine sind nicht schwer. Es lassen sich zwar ganz schöne (Gewichts-)Mengen in die Körbe füllen, die zuvor von einer Erdbewegungsfirma angeliefert werden müssen. Die einzelnen Schotter- oder andere Natursteine jedoch können leicht selbst verfüllt werden. Im Sinne der Nachhaltigkeit sollte das Material möglichst aus der Region stammen und nicht von weit her transportiert werden.

Zwischen den „trocken“ eingefüllten Steinen (Mörtel oder Ähnliches spart man sich im Drahtkorb) können mit ein bisschen Erde Kräuter oder kleine Polsterpflanzen gesetzt werden. Auch Kletterpflanzen machen sich gut davor, das Rankgitter ist sozusagen inbegriffen. Auf der Seite, die man oft im Blick hat, ist dies eine zusätzliche optische Bereicherung. Es sollten nur nicht zu viele Pflanzen sein, sonst geht es auf Kosten der Bequemlichkeit, wenn man beim Arbeiten über die Pflanzen am Rand steigen oder um sie herumgreifen muss. Die Pflanzenwahl erfolgt je nach Ausrichtung der Seitenwand zur Sonne. Natürlich sind die Hohlräume und Pflanzennischen in den Gabionen zugleich auch ein Gewinn für die Tierwelt im Garten.

Dieses Hochbeet aus mit Natursteinen gefüllten Gabionen ist durch die aufgesetzte Sitzkante besonders „bearbeitungsfreundlich“.

Foto © Insp. Clouseau/Fotolia.com

Foto © Wrbka-Fuchsig

Hochbeete aus Drahtkörben

Es gibt eine zweite Möglichkeit, Gabionen als Hochbeet zu nutzen: Extrabreite Drahtkörbe werden direkt mit organischem Material verfüllt. Damit das Material nicht aus dem Gitter herausfällt, werden die Körbe mit Kokosmatten (gepresste Kokosfasern mit Naturlatex) oder Jutenetzen ausgelegt.

Foto © Wrbka-Fuchsig

Solch ein flexibles Hochbeet im Drahtkorb ist schnell aufgestellt.

Diese Geotextilien werden meist in 1 m breiten Rollen angeboten. Sie bestehen nur aus natürlichen Materialien und verrotten mit der Zeit. Kokosmatten halten drei bis fünf Jahre, Jute löst sich rascher auf. Sie können bei einer Neubefüllung des Hochbeets wieder erneuert werden. Diese Form entspricht mehr dem reinen Nutzgedanken eines Hochbeets, sie ist flexibel und die Körbe sind wiederverwertbar. Breite Gabionen, die sich zum Verfüllen eignen, sind zum Beispiel 50 cm breit, 1 m hoch und 1 m lang. Es können auch zwei Drahtkörbe aneinandergestellt werden – das Hochbeet ist damit 1 m breit. Das obere Gitter wird in diesem Fall weggelassen (die Oberfläche soll ja bepflanzt werden), dafür wird eine Querverbindung in der Mitte mit Draht an der Oberkante angebracht, um den Korb in Form zu halten. Die Querverbindung kann auch tiefer gesetzt und mit Erde zugeschüttet werden.

Drahtkörbe richtig auskleiden

Foto © Wrbka-Fuchsig

Wird der Drahtkorb direkt mit organischem Material befüllt, muss er davor gut überlappend mit Kokosmatten (oder Jutenetzen) ausgelegt werden. Der Kontakt zum Naturboden muss allerdings erhalten bleiben, damit ein Austausch möglich ist. Auch hier ist ein Wühlmausgitter auf dem Boden zu empfehlen.

TIPP!

Gabionen müssen nicht immer nur mit Steinen der gleichen Art befüllt werden – Schichtungen unterschiedlicher Steine sehen besonders gut aus.

Hochbeete aus Weidengeflecht

Geeignetes Material

Zur Verarbeitung eignen sich alle Arten mit elastischen Zweigen:

- Salweide (*Salix caprea*)
- Silberweide (*Salix alba*)
- Dotterweide (*Salix alba* 'Vitellina')
- Korbweide (*Salix viminalis*)
- Purpurweide (*Salix purpurea*)

Als Steher können auch Hasel-, Pappel- oder Fichtenäste verwendet werden, härtere Hölzer wie Robinie oder Hasel sind länger haltbar. Durch Abflämmen des unteren Endes, das in der Erde steckt, werden sie verwitterungsbeständiger.

Mit den Weiden stellt die Natur ein lebendes, raschwüchsiges und sehr biegsames Baumaterial zur Verfügung. Die elastischen Zweige lassen sich gut verflechten, frische Weidenruten wachsen leicht an, wenn sie in die Erde gesteckt werden. Der Aufbau ist einerseits leicht zu bewerkstelligen, da die Zweige kein großes Gewicht haben und nach Belieben verbaut werden können; andererseits erfordert es doch einiges an Geschick und Zeitaufwand. Das Ergebnis ist seine Mühe allemal wert und ein individuelles Schmuckstück im Garten.

Weiden verarbeiten Für das Hochbeet werden wie für einen Weidenkorb trockene Ruten verbaut, das Austreiben der Steher ist nicht vorgesehen. Wenn doch einmal ein paar Ruten ausschlagen, können die neuen Triebe gleich eingeflochten werden.

Um die Stabilität zu erhöhen, kann das fertige Hochbeet mit Astmaterial von innen verstärkt werden. Es hat einiges an Erd- und Wasserdruck zu tragen, wenn es aufgefüllt ist. Außerdem verhindert ein Vlies oder eine Kokosmatte an der Innenseite, dass Erde ausrinnen kann.

Wie bei einem Weidenzaun werden dicke Weidenruten in die Erde gesteckt und bilden das Grundgerüst. Sie werden senkrecht oder gekreuzt als „Steher" eingegraben und mit dünneren Zweigen quer verflochten. Im ersten Schritt werden die dicken Ruten angespitzt und in ca. 30 cm Abstand in die Erde geschlagen. Wenn der Boden sehr hart ist, kann auch ein schmaler Graben ausgehoben, die Ruten hineingestellt und der Graben wieder mit Erde verfüllt werden. Um die Weidensteher werden dünne Weidenzweige eingefädelt. Für ein schönes Flechtbild wird das dicke Ende einer Rute an die dünne Spitze der vorigen Rute angesetzt. Zur besseren Festigkeit können die obersten drei Reihen mit einer Schnur zusammengebunden werden.

Hochbeete aus Beton

Beton besteht aus grobkörnigem Steinmaterial und Zement, der in Verbindung mit Wasser erhärtet und für eine hohe Festigkeit sorgt. Für den Bau von Hochbeeten eignet sich Beton als voller Stein (Pflasterstein), als hohler Schalstein oder als Brunnenring.

Foto © Wrbka-Fuchsig

Betonsteine

Kleinere Betonsteine können ähnlich Ziegeln zu Mauern hochgezogen werden. Sie sind meist etwas kürzer und dicker als Ziegel und auch vom Gewicht her recht handlich zum Verarbeiten. Ihre Breite von durchschnittlich 12–15 cm ist gerade richtig als Wandstärke für das Hochbeet. Da die Steine üblicherweise schmäler als Ziegel sind, eignen sie sich jedoch weniger für eine Trockenverbauung. Die Wände würden durch das Füllmaterial zu leicht auseinandergedrückt werden und blieben instabil. Die Steine werden direkt auf den geebneten und gefestigten Untergrund gelegt. Ein schmaler Graben, der zuvor mit Schotter oder Grädermaterial verfüllt wurde, bildet den idealen Untergrund. Neue Betonsteine sind meist sehr glatt und ebenmäßig – ohne Abstand Kante an Kante aufgestellt, wirken sie wie eine glatte Mauer, was im Naturgarten optisch nicht unbedingt erwünscht ist. Die schmalen Steine werden besser mit Mörtel verfugt. Betonsteine sind meist grau, werden aber auch rot oder gelb eingefärbt angeboten. Die Wahl der Farbe entscheidet sich durch die Umgebung des Hochbeets und die Vorliebe des Erbauers.

Schalsteine (hohle Betonsteine)

Die schmalsten Schalsteine, die mit Beton verfüllt werden können, sind 10 cm breit und bilden auch dann noch ein recht massives Bauwerk. Sie werden direkt aufeinandergestellt und dann mit Beton ausgefüllt. Um die Frostfestigkeit zu gewährleisten, wird eine Dränageschicht vorbereitet (Unterbau mit durchlässigem Material). Bei dieser Bauweise sind keine Fugen möglich, unverkleidet wirken derartige Hochbeete daher roh und unfertig. Sie sind allerdings sehr stabil und halten größeren Materiallasten stand, sind also vor allem bei Hangterrassierungen sinnvoll, wo sie den Erddruck eines dahinterliegenden Hangs abfangen sollen und das Hangwasser entsprechend abgeleitet wird. Bei solchen Belastungsanforderungen werden die Schalsteine zusätzlich mit Eisenstangen bewehrt. Für eine ansprechendere Optik können sie mit Steinen verkleidet werden. Auch für einseitige Hochbeete an Hauswänden, wo sie gleich in die Fassadengestaltung miteinbezogen werden, sind sie eine mögliche Lösung.

Foto © B. Blechmann/Wikimedia Commons

Betonhochbeete mit Schalsteinkonstruktion.

Beton mit Gartencharme versehen

Bauwerke aus reinem Beton wirken meist unfertig und kalt. Mit etwas künstlerischem Geschick, Holz, Farbe, Weidengeflecht oder vorgesetzten Pflanzen erhalten sie eine ansprechende Fassade. Auch mit breiten Mörtelfugen zwischen den einzelnen Steinen oder gebrannten Tonteilen als Mosaik erhalten Betonhochbeete ein strukturiertes Bild.

Betonringe

Eine sehr dünne Wandstärke von ca. 3 cm ist bei Schachtringen aus Beton gegeben. Sie sind sehr stabil und witterungsbeständig. Da sie „im Ganzen" aufgestellt werden, sind sie entsprechend schwer an ihren Platz zu bringen, eine Zufahrt für einen Lkw mit Kran muss gewährleistet sein. Dafür ist das Hochbeet nun auch schon so gut wie fertig. Betonringe gibt es mit verschiedenen Durchmessern (1 m, 1,2 m, 1,5 m …) und in verschiedenen Höhen (0,5 m, 0,75 m, 1 m und in Zwischengrößen). Je nach Nutzungsanspruch können sie übereinandergesetzt werden, um auf die gewünschte Höhe des Beets zu kommen. An eine andere Stelle bringen kann man sie nicht so schnell, ein Ring mit 1,2 m Durchmesser und 0,5 m Höhe beispielsweise wiegt rund 400 kg.

Foto © Wibke Fuchsig

Foto © Wibke Fuchsig

Schachtringe aus Beton eignen sich hervorragend für stabile, witterungsbeständige Hochbeete.

Bei fest gemauerten Wänden besteht die Gefahr von Sprüngen durch Frosthebungen des Bodens. Hier sollte ein wasserdurchlässiger Unterbau von 30–40 cm (Schotter oder Gräder) vorbereitet werden.

Foto © GartenAkademie

Hochbeete aus Kunststoff

Foto © photowind/Shutterstock.com

Recyclingkunststoff

Hochbeete aus Recyclingkunststoff werden seit einiger Zeit auf dem Markt angeboten. Die doppelwandigen, innen hohlen Kunststoffbausteine sind wetterfest und extrem leicht. Der Kunststoff verrottet nicht, fügt sich aber auch nicht in eine natürliche Gestaltung ein. Nach dem Bausteinprinzip können die Hochbeete ohne Werkzeug schnell ab- und umgebaut werden. Die Seitenwände werden mit Steckverbindungen zusammengesetzt und mit quer gespannten Bändern zusammengehalten. Trotzdem werden sie leicht auseinandergedrückt, weil sie dem aufgefüllten Material nicht genügend Gewicht entgegenhalten können. Bei einer angenehmen Arbeitshöhe von ca. 75 cm gehen sie meist aus der Form.

Schalungsplatten

Holzplatten für Betonverschalungen sind bei relativ geringem Gewicht stark belastbar und in praktischen Größen erhältlich (1 x 0,5 m, 1 x 1 m, 1 x 1,5 m usw.).

Die dreischichtverleimten Platten dürfen sich durch feuchten Beton nicht verbiegen und werden entsprechend imprägniert. Allerdings sind sie nicht für den dauerhaften Einsatz im Freien gedacht und eignen sich auch nicht für die Verwendung im Naturgarten. Die chemische Zusammensetzung der Imprägniermittel ist meist nicht in Erfahrung zu bringen. Wenn sich die Beschichtung mit der Zeit auflöst, gehen die Bestandteile in die Erde und auch in das Gemüse über.

WPC-Latten

Der Holzfaserkunststoff WPC „Wood Plastic Composite" wird als Bodenbelag für „Holz"-Terrassen verwendet und daher in Form von geriffelten Latten angeboten. Dieser Verbundwerkstoff besteht zu zwei Dritteln aus Holzmehl, das mit Polyethylen oder Polypropylen verklebt und mit Zusatzstoffen wie Farbpigmenten und UV-Schutz versetzt wird. WPC ist sehr witterungsbeständig und verrottet nicht, sondern altert eher wie Kunststoff.

Hochbeete aus OSB-Grobspanplatten

Foto © GartenAkademie.com

Diese speziellen Verlegeplatten bestehen aus verleimten Abfällen der Furnierindustrie. Sie kommen vorwiegend im Roh- und Innenausbau zum Einsatz. Mit ihrer markanten Struktur sind sie auch im Sichtbereich einsetzbar. Wer auf jeden Fall verhindern will, dass die Erde mit den Platten in Verbindung kommt, kleidet das Hochbeet innen mit Folie aus.

Originelles und Materialmix

Schnelle Lösungen zum Ausprobieren, neue Verwendung von Ausgedientem und individuelle Gestaltung sind auch bei Hochbeeten gefragt. Beim Einsatz von bereits vorhandenem, vielleicht zweckentfremdetem Material sind Formen und Maße wohl vorgegeben. Das mag teilweise auf Kosten der Funktionalität gehen, dafür stehen Wiederverwertung und Originalität im Vordergrund.

Holzkomposter

Foto © Biermaier

Für ein kleines Hochbeet kann einfach ein Holzkomposter umfunktioniert werden. Diese Zweckentfremdung ist naheliegend, der Aufbau eines Hochbeets ist dem des Komposters ähnlich und die Höhe einer Kompostkiste entspricht ungefähr der Arbeitshöhe (Grundfläche ca. 1 x 1 m). Holzkomposter im Stecksystem sind billig und schnell aufgestellt. Die Bretter aus dünnem Weichholz haben Kerben, die ineinandergesteckt werden und so gesetzt sind, dass sich zwischen den Brettern breite Spalten ergeben, die für die Belüftung des Komposts sorgen. Für die Verwendung als Hochbeet wird der Komposter daher mit einer Folie oder Jutematte ausgelegt, um die Erde im Inneren zu halten. Holzkomposter sind allerdings nicht sehr stabil und das weiche Holz verrottet sehr rasch: Dann brechen die Kerben aus und die Seitenwände sacken in sich zusammen. Das Komposterhochbeet ist daher eine Art „Einweg"-Variante zum Kennenlernen.

Fässer und Regentonnen

Optisch ansprechend sind vor allem Holzfässer. Mit Kräutern oder Erdbeeren bepflanzt, machen sie in der Mitte jedes Gartens eine „gute Figur". Werden in ein Fass rundum Löcher eingeschnitten und diese dann mit Erdbeeren bepflanzt, entsteht ein „Erdbeerfass". Auf der oberen Fläche können Kräuter oder ebenfalls Erdbeeren gesetzt werden, dazu Zwiebeln und Knoblauch – diese wirken gegen Pilzkrankheiten der Erdbeeren.

Auch Regentonnen aus Kunststoff oder Metall eignen sich für die Nutzung als Hochbeet. Mit 1 m Durchmesser bieten sie keine allzu große Anbaufläche, aber doch schon einiges mehr als ein Tomatentopf, und die Pflanzen haben nach außen hin rundherum viel Luft. Da solche Tonnen meist recht hoch sind, können sie gleich ein Stück weit in die Erde eingegraben werden, um die gewünschte Arbeitshöhe zu erlangen.

Wannen und Tröge

Foto © Wrbka-Fuchsig

Eine originelle Lösung ist die Zweckentfremdung alter Emailbadewannen. In diesem Zusammenhang muss man eigentlich von einer Trogbepflanzung sprechen, da sie – bis auf den Wasserabfluss – keine Öffnung nach unten haben. Dafür sind sie wetterfest und halten der Witterung im Freien gut stand. Eine Dränageschicht mit Leca oder Schotter ist allerdings unbedingt notwendig, um die Wasserabfuhr zu verbessern. In einem „Vollbad“ (einer voll gefüllten Wanne) findet einiges an Gemüse oder Kräutern Platz! Auch ausgediente Holzkisten und Tröge können einer neuen Bestimmung zugeführt werden: Vielleicht bieten sie den Tomatenpflanzen, die nicht gern ungeschützt im Freien stehen, einen windgeschützten, trockenen Platz unter einem Dachvorsprung?

Materialmix

Die Materialwahl für das neue Hochbeet kann sich auch nach Vorhandenem richten: Vielleicht finden sich ja noch ein paar feste Bretter oder Balken von einem Dachstuhl, die gleich verwendet werden können. Und dazu ein paar Steine oder Platten, die vom Wegebau übrig geblieben sind.

Steine als Unterbau schützen das Holz vor Feuchtigkeit, Holz als Oberbau ermöglicht einen schmalen Rand und damit die größtmögliche Beetfläche und eine leichte Anbringung von zusätzlichen Einrichtungen wie Frühbeetkasten oder Schneckenzaun. Ziegel können ebenfalls gut als Unterbau von Holz verwendet werden und ergeben, daneben aufgeschichtet mit einem Querbrett, eine einfache Ablage oder Sitzgelegenheit.

Bodenlose Holzfässer sind als Hochbeete ein besonderer Blickfang.

Foto © Wrpka-Fuchsig

Rund ums Hochbeet

Zur Standardausrüstung der meisten Hochbeete gehören Folien, um das Holz vor Feuchtigkeit zu schützen, und Kokos- oder Jutematten, um zu verhindern, dass Erdmaterial ausfließen kann. In Gegenden mit Wühlmäusen zahlt sich außerdem der Einbau eines Drahtgeflechts zum Boden hin aus, um die Ernte gegen gefräßige Konkurrenz von unten abzusichern.

Ein großer Vorteil von Hochbeeten ist, dass leicht weitere praktische Vorrichtungen angebracht werden können. Dazu zählen eine Glasabdeckung als Frühbeet, eine Abschattung für frisch gesetzte Pflanzen, ein Windschutz, Stützen und Rankhilfen für hoch wachsende Pflanzen, eine fixe Bewässerung und natürlich ein Schneckenschutz.

Schneckenzaun

Schnecken werden im überschaubaren Hochbeet schneller entdeckt als am Boden. Damit sie gar nicht erst bis ins Beet kommen, hält ein Schneckenzaun die unerwünschten Besucher ab. Er besteht aus einem verzinkten Blechstreifen mit einer umgeknickten scharfen Kante. Der „Zaun“ wird an den Wänden des Hochbeets montiert, die scharfe Kante kann von den Schnecken nicht überwunden werden. Allerdings reicht schon ein überstehendes Blatt, damit sie dieses Hindernis umgehen.

Handlauf

Ein Hochbeet aus Holz kann zusätzlich mit einem Handlauf oder Ablagebrett (siehe Illustration Seite 36) versehen werden, die das Holz von oben schützen. Am einfachsten geht dies, wenn der Handlauf von oben in die Holzpfosten geschraubt wird (das Schneckenblech muss zuvor durchbohrt werden). Aber auch bei Hochbeeten aus anderen Materialien kann ein Handlauf zur Verschönerung und als praktische Stütze und Ablage angebracht werden.

Frühbeetaufsatz

Foto © Wrbka-Fuchsig

Durch einen einfachen Aufsatz mit einer Glasplatte wird aus dem Hochbeet ein Frühbeet.

Für die Nutzung als Frühbeet wird ein Rahmen auf das Hochbeet aufgesetzt. Darauf wird eine Glasplatte, ein alter Fensterrahmen oder Plexiglas gelegt. Der Rahmen sollte auf der Nord-

Ablagebrett (Handlauf)

Schneckenzaun

Illustration © Biermaier

Ein Schneckenschutz kann vor allem auf Holzhochbeeten leicht angebracht werden.

höher als auf der Südseite sein, um möglichst viel Sonne zu den Pflanzen zu lassen und eine maximale Aufheizung zu erreichen. Bei Bedarf kann eine frische Kompostauflage mit Mist darunter als Heizung von unten dienen, denn das neue Material produziert Wärme beim Verrotten. Wenn die vorgezogenen Pflanzen groß genug sind, kann die Abdeckung nach einer Abhärtungsphase einfach entfernt werden.

Bewässerung

Zwar trocknet die Erde im erhöhten Beet rascher aus, dafür ist das Gießen in erhöhter Lage rückenschonender und auf eine genau abgegrenzte Fläche beschränkt. Die Wasserzufuhr mit Gießkanne oder Schlauch ist also schnell erledigt. Wird das Gießen doch zu aufwendig, lässt sich problemlos eine fixe Bewässerung einbauen. Dazu wird ein Schlauch an eine Wasserleitung – noch besser an ein Wasserreservoir mit Regen- oder Brunnenwasser – angeschlossen und zu den Hochbeeten verlegt. Dort führt ein perforierter Tropfschlauch den Pflanzenwurzeln ohne große Verdunstungsverluste Wasser zu. Knapp unter der Substratoberfläche ist er kaum zu sehen. Ein automatischer Bewässerungsautomat reguliert Uhrzeit und Wassermenge. Solche Bewässerungssysteme sind für Pflanztröge schon länger erprobt und im Gartenfachhandel bzw. in Baumärkten erhältlich.

Schmetterlinge anlocken

Foto © JaromirKlein/Shutterstock.com

Obwohl aus Naturschutzgründen den Raupenfutterpflanzen eine größere Bedeutung zur Arterhaltung zukommt, sind hier vor allem die Falterblumen genannt: **Blaukissen** (*Aubrieta*), **Fetthenne** (*Sedum telephium*), **Herbstaster** (*Aster novae-angliae*), **Kugeldistel** (*Echinops*), **Lavendel** (*Lavandula*), **Mannstreu** (*Eryngium*), **Flammenblume** (*Phlox*), **Sommerflieder** (*Buddleja*), **Steinkraut** (*Alyssum*), **Thymian** (*Thymus*), Lippenblütler wie Salbeiarten, Schmetterlingsblütler wie Kleearten.

Pflanzenstützen

Stützen aus Bambus- oder Holzstäben können als Rankhilfe für hoch wachsende Pflanzen wie Himbeeren, Tomaten oder Erbsen genutzt werden. Tomaten sind durchaus dankbar, wenn man an ähnlichen Gerüsten ein vor Regen schützendes Dach über den Pflanzen montiert.

Foto © johnbraid/Shutterstock.com

Gestalten mit Hochbeeten

Mit einem Hochbeet „sieben auf einen Streich" – das spezielle Substrat für die Pflanzen, die rückenschonende Beethöhe, alles gut im Blick, zusätzlicher Schutz vor Schnecken oder zu viel Regen, dazu noch eine sinnvolle Lösung für einen offenen Bereich oder eine schwierige Böschung, eine optisch ansprechende Gestaltung und ein Refugium für so manches Tier im Garten!

Foto © Biermaier

Standorte optimal nutzen

Innerhalb des regionalen Klimas spielt die Exposition des Gartens eine wichtige Rolle – je nachdem, ob dieser sich an einem Nord- oder Südhang befindet, ob er von den umgebenden Bäumen und Häusern beschattet wird oder ob er auf einem Hügel Sonne und Wind ausgesetzt ist. Diese klimatischen Voraussetzungen können durch kleinräumige Gegebenheiten stark beeinflusst werden. Auf der Sonnenseite vor einer Mauer oder vor einem großen Stein gedeihen ganz andere Pflanzen als an der Nordwand des Hauses, wo immer Schatten herrscht. Hecken und Mulden schaffen windgeschützte Ecken; Folien und Glas fangen die Sonne ein; Stein und Holz speichern die Wärme und strahlen sie langsam wieder ab.

In einem Hochbeet kann den Pflanzen auf kleinem Raum das entsprechende Substrat, die richtige Bewässerung, Schutz vor Wind und zusätzliche Wärme durch Abdeckungen und Speichermaterial geboten werden. Es ist ein Sonderstandort für die Pflanzen, erhöht über dem „normalen" Bodenniveau mit begrenztem Wurzelraum – mit Kontakt zur gewachsenen Erde – und dadurch verstärkt Temperaturschwankungen, Wind und Verdunstung ausgesetzt. Demgegenüber stehen wesentliche Vorteile: eine spezielle Befüllung, die bequeme Pflege und die praktischen Möglichkeiten zur mikroklimatischen Regulation. Die Verrottungswärme des Kompostes heizt die Beete von unten.

TIPP!

Nahe an Bäumen ist der Wurzeldruck und damit der Wasser- und Nährstoffentzug im Hochbeet nicht so groß wie in einem normalen Beet.

Sonne – nicht zu wenig, nicht zu viel

Kräuter und Gemüse brauchen viel Sonne, vor allem morgens, weil das Beet bereits am Vormittag für den restlichen Tag aufgewärmt wird. Mediterrane Kräuter wollen so viel Sonne wie möglich, Kräuterhochbeete sollten daher den ganzen Tag sonnig stehen. Zusätzlich kann die warme Abstrahlung von Steinen und Steinmauern genutzt werden. Für Gemüsebeete ist eine Beschattung am frühen Nachmittag, wenn die Sonne am stärksten scheint, nicht von Nachteil, weil dann Verdunstung und Austrocknung der Erde gemildert werden.

Vor allem wärmeliebende Pflanzen profitieren von der warmen Abstrahlung durch Steinmauern.

Temporäre Beschattung Frisch gesetzte Jungpflanzen verkraften volle Hitze nicht immer so gut, hier kann man sich mit temporärer Beschattung helfen – mit einem Tuch, das an Stangen aufgespannt wird, oder einer Zeitung, die mit Steinen etwas erhöht über den Pflanzen fixiert wird, was im Hochbeet besonders einfach auszuführen ist.

TIPP!

Mit der Förderung eines gesunden Bodenlebens wird eine stabile Bodenstruktur aufgebaut, die in ihren Hohlräumen Wasser aufnehmen und speichern kann.

Keine Angst vor Wind

Die Pflanzen sind „in der Höhe" exponierter, andererseits sind kleine Jungpflanzen unterhalb der Hochbeet-Oberkante völlig windgeschützt. In windreichen Lagen kann eine höhere Hecke den stärksten Wind abfangen.

Beerensträucher, wie Kornelkirsche/Dirndl, Felsenbirne und Hundsrose, oder Wildsträucher, wie Kreuzdorn, Faulbaum und Schneeball, bieten Insekten und Vögeln Nahrung und vielen Tieren Unterschlupf. Damit wird ein gesunder Gartenhaushalt gefördert. Grundsätzlich gilt, dass großblättrige Pflanzen windempfindlicher sind.

Neben der Hochbeetkante sind Jungpflanzen vor Wind geschützt – die Holzwand wärmt zusätzlich.

Die Ausrichtung des Hochbeets spielt vor allem dann eine Rolle, wenn es als Frühbeet genutzt wird. Hochbeete werden der Länge nach von West nach Ost aufgestellt. Die lange nordseitige Wand ist höher als die südseitige; unter einer schrägen Folie oder unter einer Glasplatte wird die Sonne voll eingefangen.

Wasser – richtig dosieren

Foto © Wrbka-Fuchsig

Eine Mulchschicht aus organischem Material und eine Tröpfchenbewässerung regulieren den Feuchtigkeitsgehalt im Hochbeet.

Die stärkere Exponiertheit eines erhöhten Beets führt zu stärkerer Aufheizung und Austrocknung. Deshalb ist auf eine ausreichende Wasserzufuhr zu achten (gießen oder Tropfbewässerung), die im Hochbeet sehr gezielt durchgeführt werden kann. Durch das Aufbringen einer Mulchschicht wird der Wasserbedarf verringert. Mulchen – Bedecken des offenen Bodens mit Gras, Laub, Häckselgut, Stroh, Flachs, Jutematten – schützt die Oberfläche vor Austrocknung. Unter der Mulchschicht bleibt die Erde feucht und das Bodenleben kann bis an die Oberfläche aktiv sein. Das Mulchmaterial ist auch „Futter" für die Bodentiere. Es wird von ihnen langsam zu Nährstoffen umgesetzt, die dann wieder den Pflanzen zur Verfügung stehen. Mit der Bodenbedeckung werden außerdem viele Beikräuter unterdrückt, die Licht zum Keimen brauchen.

In schneckenreichen Gegenden wird oft auf Mulchen verzichtet, weil die Schnecken unter der Mulchschicht ideale Lebensbedingungen vorfinden. Im Hochbeet können die Schnecken durch geeignete Maßnahmen (siehe Seite 36) besser vom Beet ferngehalten werden und Mulchen ist eher möglich.

Ebenso wichtig wie ausreichend Feuchtigkeit sind eine gute Belüftung des Bodens und die Möglichkeit der Wasserabfuhr, damit sich keine Staunässe bilden kann. Im Hochbeet sorgt die unterste Schicht aus lockerem Material – grobe Äste und Zweige oder Steine und Kies – für Luftzufuhr und Wasserabfluss.

„Fußbodenheizung“ inklusive

Da das Hochbeet eine eigene Befüllung erhält, ist der Aufbau darin unabhängig vom gewachsenen Boden, egal ob dieser nicht tiefgründig genug ist und ob er zu mager, zu verdichtet oder zu feucht ist. Bei der Befüllung kann die gewünschte Bepflanzung bereits im Vorfeld berücksichtigt werden: nährstoffreiches Substrat für viele Gemüsesorten, saurer Waldboden für Heidelbeeren oder sandiges und steiniges Material für viele Kräuter.

In Hochbeeten mit organischem Material und grobem Kompost haben die Pflanzen begünstigte Klimaverhältnisse. Durch die Verrottungsprozesse werden langsam Nährstoffe umgesetzt, dabei wird Wärme frei und die Pflanzen behalten auch an kühlen Tagen warme Füße. Die Ernte erfolgt durchschnittlich um ein bis zwei Wochen früher, bei Einsatz von Folien oder Frühbeetaufsätzen sogar bis zu sechs Wochen früher als im herkömmlichen Beet.

Hochbeetwände aus Stein und dickem Holz isolieren und speichern die Wärme, das Substrat im Inneren des Hochbeets ist Temperaturschwankungen weniger ausgesetzt und kühlt nicht so rasch ab bzw. erhitzt sich nicht so schnell. Pflanzen an der südseitigen Wand des Hochbeets beschatten diese und schützen sie vor großer Hitze und Austrocknung. In Ritzen von Steinmauern sorgen sie für zusätzliche Lebensräume und profitieren selbst von der Wärme der Steine.

Ein Frühbeetaufsatz auf dem Hochbeet ermöglicht eine um bis zu sechs Wochen frühere Ernte.

Foto © Marbury/Shutterstock.com (oben) und Masterovoy/Shutterstock.com

Foto © Hannamariah/Shutterstock.com

Gut geplant ist halb gewonnen

Werden vor der Anlage des Hochbeets ein paar grundsätzliche Überlegungen angestellt, fügt es sich später nicht nur optisch besser in den Garten ein, sondern erfüllt für seinen Besitzer auch alle Ansprüche an Bequemlichkeit und Zweckmäßigkeit.

Wo ist der beste Platz?

Gewürzkräuter werden beim Kochen oft schnell zwischendurch gebraucht. Ihr bester Standort ist deshalb möglichst nahe der Küche. Gemüse und Beerensträucher können auch etwas weiter weg einen guten Platz finden, seitlich des Hauses oder in einem eigenen Teil des Gartens und abseits von Terrasse und Spielbereich.

Für alle Beete gilt: Man sollte bei jedem Wetter trockenen Fußes dorthin kommen, und je näher sie im Blickfeld sind und je öfter man daran vorbeigeht, desto eher erfolgt die Pflege. Eine kleine abgegrenzte Fläche ist schnell gegossen und gejätet.

Foto © Eva Gruendemann/Shutterstock.com

Kleines Hochbeet mit luftiger Gitterabdeckung.

Ein erhöhtes Beet ist für alle deutlicher erkennbar als ein Beet am Boden: Es ist geschützter vor Unkraut, das sonst von der angrenzenden Wiese her hineinwachsen kann, aber auch vor Hunden, Kaninchen, Laufenten und Bällen. Kinder laufen nicht einfach durch das Beet, Hunde graben darin nicht um, und mit einem Netz über dem Beetkasten können sogar Katzen oder Vögel ferngehalten werden.

Gartengeräte bestens verstaut

Je praktischer die Aufbewahrungsmöglichkeiten für Werkzeug und Geräte sind, desto eher werden sie weggeräumt und sind beim nächsten Mal ordentlich verfügbar. Abstellflächen für Gießkanne, Kübel, Schaufel und eine Sitzfläche sind eine bequeme Ergänzung im Nutzgarten und einladend anzusehen.

Foto © Biermaier

Eine kleine Gartenhütte in der Nähe der Hochbeete dient als praktischer Aufbewahrungsort für Hilfsmittel aller Art.

Foto © EsHanPhot/Shutterstock

Eine gründliche Reinigung der Utensilien nach jeder Verwendung verlängert ihre Lebensdauer beträchtlich.

Kurze Wege – lange Freude

Wasser, Gerätschaften und Kompost sollten gut erreichbar sein und die Abläufe so unkompliziert wie möglich. Kurze Wege erleichtern das Gärtnerleben und stellen die regelmäßige Pflege sicher.

Die Wasserquelle Für die Befüllung der Gießkanne eignet sich eine Regentonne, ein Wassertrog oder ein Brunnen mit Becken, in dem sich das Wasser auf Umgebungstemperatur erwärmen kann – am besten in unmittelbarer Nähe des Hochbeets. Es kann auch eine Tropfbewässerung mit einem Wasserreservoir vorgesehen werden.

Der Kompostplatz im Halbschatten muss nicht direkt neben dem Beet liegen, auch weil sich auf ihm die Schnecken besonders gern aufhalten. Wichtig ist eine gute Anbindung an die Beete und ein Weg, auf dem ein Schubkarren Platz hat.

Wege richtig planen

Um das Hochbeet ist ein fester Boden sinnvoll, der bei jedem Wetter zu begehen ist. Wege um Hochbeete sollten durchdacht angelegt werden: Um eine Schubkarre bequem manövrieren zu können, müssen sie 80–100 cm breit sein. Jedes Beet sollte von mindestens einer Seite aus von einem breiten Hauptweg zugänglich sein, dazwischen reichen auch schmälere Wege zur Bearbeitung im Stehen aus. Wege stellen das verbindende Element im Garten dar. Sie werden vorzugsweise mit denselben Materialien ausgeführt, da die Gestaltung damit ruhiger wirkt. Für feste Wege ist der richtige Unterbau wichtig. Meist werden die obersten 10 cm Mutterboden entfernt, der darunterliegende Boden verfestigt und, bei drohender Staunässe, eine Sand- oder Schotterschicht eingebracht.

Wege aus Häcksel Für schmale Fußwege zwischen den Hochbeeten reichen Rindenmulch oder Holzhäcksel. Ist der Untergrund stark mit Wurzelausläufer bildenden Beikräutern durchwachsen, so kann ein Vlies unter dem Wegebelag sinnvoll sein.

Wege aus Trittsteinen Für kleine Verbindungswege können auch Trittsteine in den Rasen gelegt werden. Die einzelnen Platten aus Naturstein oder Waschbeton sollten möglichst groß sein, damit noch genug Trittfläche bleibt, wenn sie vom Rand her mit Gras überwachsen werden. Dafür kann man mit dem Rasenmäher einfach darübermähen.

Wege aus Klinker passen gut zwischen Wiesen oder Blumenbeete. Die Gelb- und Rottöne der Ziegel harmonieren gut mit den Braun- und Grüntönen eines Gartens; mit ihrer organischen Form gliedern sie sich sanft in die Gartenlandschaft ein.

Foto © Wrbka-Fuchsig

Klinker- oder Ziegelwege fügen sich nicht nur optisch gut in den Naturgarten ein, sie sind auch einfach zu verlegen.

Rasenwege Natürlich kann man den Rasen zwischen den Hochbeeten auch belassen. Er wird allerdings aufgrund der Beschattung eher moosig werden. Für eine saubere Mahd sind Raseneinfassungssteine praktisch, die bündig verlegt werden. Auch hier kann man mit dem Rasenmäher darüberfahren.

Struktur im Nutzgarten

Ist der Hauptzweck des Hochbeets der Anbau von Gemüse, Kräutern oder Beerensträuchern, so sollte es klimatisch eine optimale Lage erhalten. Es wird einen möglichst sonnigen Platz bekommen, gut erreichbar und bequem nutzbar. Dient das Hochbeet vor allem der Gartenmöblierung und Raumgestaltung – als Abgrenzung und Einfassung von Teilbereichen des Gartens oder zur Absicherung der Terrasse beim Haus –, ist der Standort mehr oder weniger vorgegeben. Auch bei Terrassenbeeten zur Geländemodellierung wird sich die Lage vor allem danach richten, wo sich im Hang verschiedene Ebenen ergeben und Geländestufen zu überwinden sind. Die Pflanzenwahl im Hochbeet oder Terrassenbeet wird dem Standort entsprechend erfolgen. Natürlich sind beide Aspekte nicht völlig getrennt zu sehen. Auch ein Gemüsehochbeet erfüllt gestalterische Anforderungen und kann zugleich als Sitzplatzeinfassung genutzt werden.

Freude am Gestalten

Hochbeete sind als eigene „Möblierung" im Garten leicht unterzubringen. In kleinen Gärten erfüllt ein Hochbeet bei wenig Platzverbrauch gleich mehrere Funktionen: Gemüse wird auf kleiner Fläche untergebracht, dieses ist erhöht geschützter; zugleich kann das Hochbeet ein Blickfang, eine Abtrennung und ein Sichtschutz sein. In großen Gärten kann es als attraktives Gestaltungselement zur Unterteilung in Gartenräume bzw. als Abtrennung des Nutzgartens vom Ziergarten eingebaut werden. In Hanglagen wird durch Terrassenbeete eine optimale Ausnutzung des Geländes erreicht.

Ein optischer Blickfang bei mehreren Hochbeeten ist eine Verbindung durch eine Pergola.

Auch zählt die Freude am Garten und am „Selbstbauen", hier geht es nicht um Perfektionismus, sondern um ein Eingliedern in die Umgebung, um Wiederverwerten, In-der-Natur-Belassen und um praktisches Arbeiten.
Materialwahl und Form sind vielfältig und individuell. Hochbeete prägen das Gartenbild, je nachdem, ob die Bauwerke streng formal, eckig, rund oder locker geschwungen sind. Sie können unterschiedliche Höhen oder schräge Winkel haben, ums Eck gehen und mit Sitzbänken und Pergolen kombiniert werden. Auch die Bepflanzung (Sortenwahl, Höhe und Blühfarbe der Pflanzen) spielt bei der endgültigen Wirkung eine Rolle.

Einzelne Hochbeete

Vielleicht beginnt man mit einem Hochbeet zum Ausprobieren, weil man keinen großen Gemüsegarten anlegen, aber doch zumindest eigenen Salat und Kräuter anbauen will. Ein einzelnes Hochbeet findet meist Platz in der Nähe des Hauses; mit Beerensträuchern und Kompost entsteht so eine kleine Nutzgartenecke. Dazu sind Kräuter und Tomaten direkt vor dem Haus oder vor der Terrasse gut untergebracht.
In einem größeren Gemüsegarten mit mehreren Beeten kann ein Beet durch ein Hochbeet ersetzt werden, um darin zartes Gemüse schneckensicher anzubauen oder Jungpflanzen vorzuziehen.

Mehrere Hochbeete im Garten

Will man mehrere Hochbeete im Garten errichten, sollte deren Anlage gut überlegt werden, damit sie nicht wie beliebig aufgestellte Kisten wirken. Die Anordnung der einzelnen Hochbeete kann in der Reihe oder in einem Rechteck erfolgen und im Stil von Bauerngärten mit Kräuterrabatten und niedrigen Zäunen aus Holz oder Weidenflechtwerk eingefasst sein. Im Gemüsegarten dient der traditionelle Bauerngarten als Vorbild; wählt man vier Beete (z. B. um die Fruchtfolge nach dem Vorbild der Vierfelderwirtschaft einhalten zu können), so bildet der Weg dazwischen ein Kreuz.

Mehrere Hochbeete können auch als schmälere, einseitig zu bewirtschaftende Beete an Grundstücksgrenzen angeordnet werden. Bei nebeneinanderliegenden Hochbeeten ist es besonders wichtig, auf genügend Abstand zu achten (Wegbreite 80–100 cm).

Beispiele für die Anordnung mehrerer Hochbeete im Garten, Vierfelderwirtschaft inklusive!

Beispiel 1:
Hochbeete 1 x 2 m und 1 x 1 m (niedriger)

Beispiel 2:
Hochbeete 1,2 x 1,6 und 0,8 x 2 m (niedriger)

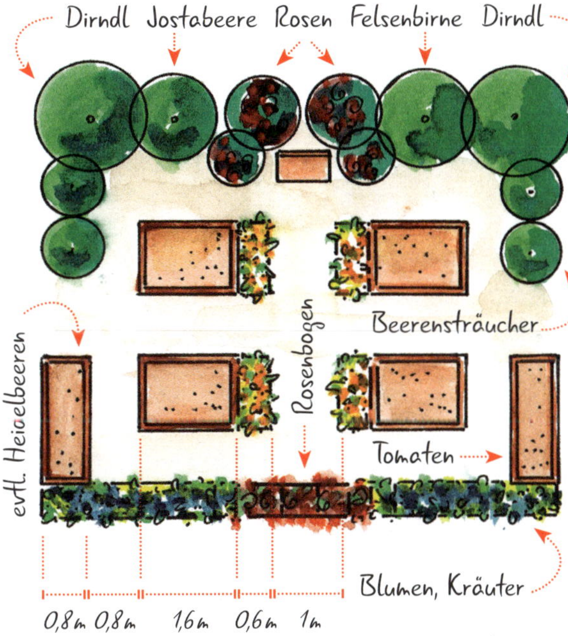

TIPP! **Knapp angrenzende Bodenbeete können durch Hochbeete beschattet werden, also lieber etwas Abstand halten!**

Hochbeete an der Hausterrasse

Immer öfter werden Terrassen gebaut, von denen der Garten über eine mehr oder weniger steile Böschung erreicht werden kann. Die Aussicht ist zwar meist besser als bei einem vertieften Sitzplatz, aber man ist auch den Blicken der Nachbarn und Passanten sowie dem Wind ausgesetzt und weiß oft mit der Böschung zum Garten hin nichts anzufangen.

Gefälliges Gefälle

Die Schräge wird oft als „verlorene" Fläche empfunden, als Wiese zu steil zum Mähen und zum Bepflanzen mit Stauden und Sträuchern schwierig, weil die Erde leicht abrutscht. Je nach Steilheit ist sie schlecht zu begehen und mühsam zu pflegen. Wird die Böschung weit in den Garten gezogen und ist damit weniger steil, verbraucht sie viel Platz. Das Mähen ist dann nicht mehr so anstrengend, aber die freie, ungeschützte Lage auf der Terrasse bleibt weiterhin erhalten.

Durch die Einfassung der Terrasse mit einer Mauer wird die vorhandene Fläche optimal genutzt: Aus der Böschung entsteht eine ebene Beetfläche auf Terrassenniveau und eine zweite und dritte auf dem tiefer liegenden Gartenniveau. Wenn die Terrasse nicht viel mehr als einen Meter höher liegt als der Garten, kann die obere Beetfläche von der Gartenseite wie ein Hochbeet genutzt werden. Im Fall mehrerer Stufen muss die Bepflanzung entsprechend angepasst werden.

Der treppenförmig gestaltete Übergang von der Terrasse in den Garten lässt neue Hochbeete entstehen und ist auch optisch ein Gewinn.

Hausterrassen gestalten

Deutliche Grenzen Ein Beet als Einfassung der Terrasse bildet eine klare Begrenzung und bewahrt davor, über die Böschung abzustürzen. Originell bepflanzt wird es beispielsweise mit einer Blumenwiese, die den Garten bis zur Wohnebene heranzieht. Auch blühende Stauden, Gemüse oder Sträucher und Spaliere mit Rankpflanzen sind passend. Sie sind in den Beeten viel einfacher zu pflegen als auf einer steilen Böschung.

Fließende Übergänge Es muss auch nicht die gesamte Terrasse mit einem durchgehenden Beet eingefasst werden. Gestaltungen rund um die Terrasse mit vorgesetztem Hochbeet auf einer Seite sowie einem Kräuterhang und einem Stück Böschung als auslaufendes Gelände auf der anderen Seite schaffen ein abwechslungsreiches Bild rund um das Haus.

Klare Einfassungen Eine weitere Möglichkeit ist, das Hochbeet von der Terrassenebene weg aufzumauern oder in Form eines Troges aufzustellen, sodass die Terrasse eine höhere Einfassung hat. Bei hoch gelegenen Terrassen ist dies ein deutlicher Fallschutz. Der Wohnbereich wird damit vom Garten deutlich abgesetzt, denn die Mauer wirkt stark trennend. Sie bietet aber auch Schutz und Geborgenheit. Hier ist nur ein einseitiges Hochbeet möglich, zum Beispiel mit einer Breite von 60–80 cm. Blühsträucher oder eine Pergola mit Kletterpflanzen eignen sich als Sicht- und Windschutz. Wenn der Weg in den Garten etwas weiter ist, sind Küchenkräuter im hausnahen Hochbeet besonders praktisch. Blühende Stauden und Kleinsträucher bringen Farbe und Duft.

Lösungsmöglichkeiten an der Hausterrasse

Beispiel 1:

Ansicht

Grundriss

Illustrationen © Biermaier

Beispiel 2:

Ansicht

Grundriss

Hochbeete als „Grenzgänger“

Begrenzungen, wie beispielsweise Hausmauern oder Zäune, werden oft in der Gartengestaltung stiefmütterlich behandelt. Dabei eignen gerade sie sich besonders, um Hochbeete auf ungewöhnliche Art und Weise zur Geltung zu bringen.

Hausmauern beleben

Großflächige Hausmauern können mit einer abwechslungsreichen Hochbeetgestaltung eine ganz neue Optik und Funktion erhalten. Gleichzeitig wird eine Fläche davor genutzt, die sonst keinen besonderen Zweck erfüllen würde. Die Strukturierung entsteht durch verschiedene Höhen und Breiten und durch gerundete oder eckige Vorbauten mit Vorsprung. In Kombination mit Stufen oder Aufgängen werden übrig gebliebene Winkel in bunte Beetflächen umgewandelt. Solch ungenutzte Ecken sind später besonders beliebt, weil sie nahe am Wohnbereich liegen und man mehrmals am Tag daran vorbeigeht.

Sie eignen sich für Gemüsepflanzen, die Wärme und Windschutz benötigen und Wasser schlecht vertragen, wie Tomaten, Paprika und Gurken. Mit Kräutern nahe beim Haus oder

Foto © Wrbka-Fuchsig

Ein Materialmix aus bequemer Holzbank und Gabionen bringt willkommene Abwechslung in den Garten.

einem Rosen- und Lavendelbeet in erhöhter Lage sind Blüten und Duft bei jedem Vorbeigehen vor der Nase.

Zäune „verkleiden“

Ein Zaun muss nicht immer ganz gerade an der Grundgrenze entlanglaufen: Eingebaute Nischen mit Pflanzbeeten in unterschiedlichen Breiten und Höhen sorgen für Abwechslung. Hochbeete in Zäune zu integrieren ist eine unkonven-

Ansprechende Zaungestaltung mit Hochbeeten

Beispiel 1: Ansicht

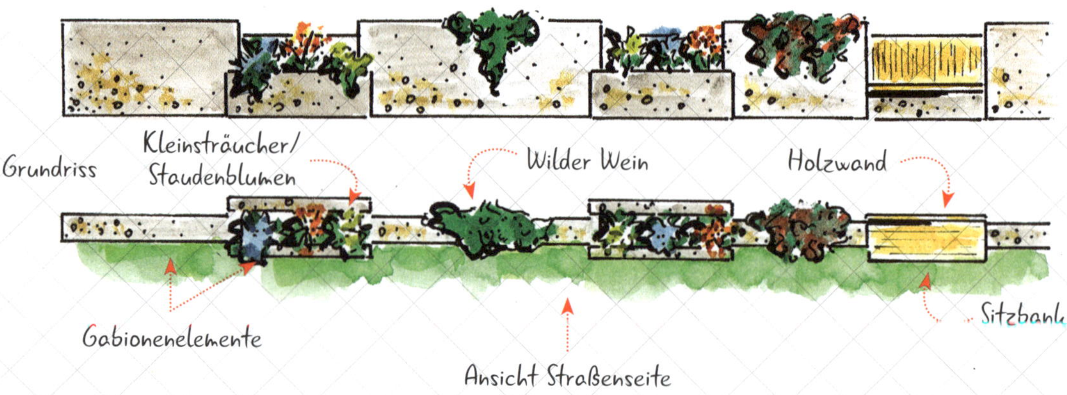

tionelle, aber sehr ausbaufähige Idee! Vor allem wenn kein eigentlicher Vorgarten vorhanden ist, weil der Privatbereich des Gartens direkt an die Straße grenzt und der Wunsch nach einem durchgehenden und oft auch hohen Sichtschutz besteht, kann noch Platz für blühende Pflanzen auf der Straßenseite geschaffen werden. In einem erhöhten Beet sind die Pflanzen sicher vor Hunden und deutlich als zum Privatgarten gehörend erkennbar. Der Sichtschutz wird damit nicht beeinträchtigt. Wenn nur wenig Gartenfläche zur Verfügung steht, kann ein Hochbeet an der Innenseite des Zauns für Auflockerung sorgen und zugleich eine praktische Anbaufläche einbringen. In kleinen Reihenhausgärten wird damit der Platz optimal ausgenützt.

Foto © Wrbka-Fuchsig

Foto © hcast/Fotolia.com

Kräuterduft in Greifweite

Steine mit Lücken – Trockenmauern oder Drahtkörbe – eignen sich ideal für Kräuter und duftende Polsterpflanzen. Bei der Pflanzenwahl ist es wichtig, ob die Pflanzen für die Sonnenseite oder für die Schattenseite gedacht sind. Etwas Besonderes ist eine Kräuterbank, bei der die Beetfläche eine Sitz- oder Liegefläche aus Thymian ist.

Gabionen als Grenze

Begrenzungen mit Gabionen sind sehr modern. Die Drahtkörbe können versetzt aufgestellt werden, durch unterschiedliche Breiten und Höhen entstehen Nischen und Vorsprünge. Angebaute Hochbeete aus Gabionen lassen abwechslungsreiche Zäune entstehen, die auch noch bepflanzt werden können. Unterschlupf und Durchgänge für Tiere sowie Nützlingsquartiere können leicht integriert werden.

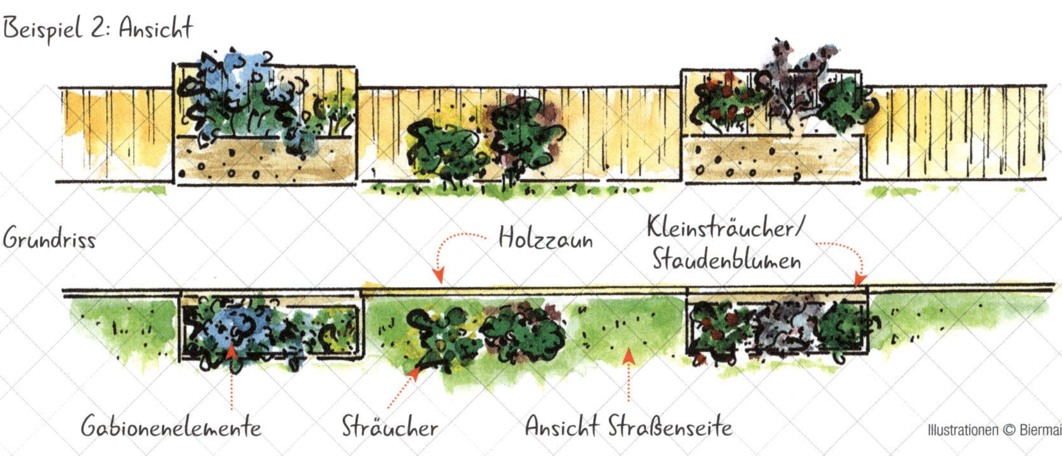

Illustrationen © Biermaier

Hochbeete im Hang

Gärten in Hanglage werden durch das Schaffen unterschiedlicher Ebenen und Terrassen in den meisten Fällen optisch ansprechender und viel besser nutzbar. Die ursprünglich schwierige Geländesituation bedeutet zwar zu Beginn einen höheren Aufwand an Planung und Ausführung, danach ist die ansteigende Fläche jedoch oft strukturierter und interessanter als ein Garten auf einer Ebene. Die Terrassenstufen ergeben sich je nach Steilheit des Geländes.

Dieses Hochbeet in Hanglage bietet auch gleich Platz für ein kleines Frühbeet und Bohnenstangen.

Der Hang als Chance

Der Wunsch nach umfangreichen ebenen Flächen auf einem Grundstück in Hanglage wird oft überbewertet und ist im naturnahen Garten auch kaum umsetzbar. Von der Wohnebene weg eine ebene Fläche bis an die Grundgrenze und dann ein Niveausprung, der mehrere Meter beträgt und oft mit sehr großen Steinen ausgeführt wird, fügt sich meist nur schwer in die Umgebung ein und ist optisch problematisch.

Räume schaffen Mehrere niedrige Stufen lassen eine vielfältige Nutzung des Hangs zu, schaffen Räume, Ausblicke und geborgene Plätze. An den Grenzen des Grundstücks ist die Anbindung an das Gelände einfacher und mit schöneren Übergängen möglich. Nischen, Mauern und eingebaute Hochbeete machen den Garten interessanter und beleben ihn. Niveausprünge mit einer Höhe von 50–100 cm sind ideal, um als Hochbeete von der unteren Ebene her genutzt zu werden, von der oberen dienen sie als „normales" Beet am Boden.

In Hausnähe versorgen Hochbeete oder eine Kräuterspirale im Hang den Haushalt mit Gemüse und Küchenkräutern, Geländeterrassen liefern Beeren, Spalierobst und Blumen und erfreuen mit Ziersträuchern. Dazwischen können, je nach Vorliebe, Stufen, Rampen, Sitznischen und Sonnenplätze vorgesehen werden.

Hänge strukturieren

Auf einmal ist der Hang, der vorher als „kaum nutzbar" betrachtet und am liebsten an den äußersten Rand des Grundstücks geschoben worden wäre, wichtiger Teil des Gartens. Auch für das Auge ist es ein großer Gewinn, wenn man von unten hinaufblickt und keine hohe Mauer, sondern eine gestaltete Gartenlandschaft vor sich hat. Die neuen Geländestufen sollten sich an die natürliche Geländeform anpassen und nicht nur in gerader Linie und parallel zum Haus und zu den Grundgrenzen verlaufen.

Wenn möglich sollte man für die Geländestufen lieber etwas mehr Platz einrechnen, um diese dann bequem nutzen zu können. Man sollte mindestens 150–170 cm Terrassenbreite für ein Hochbeet mit Mauer und Weg einkalkulieren.

Mauern aus Naturstein verlaufen oft geschwungen, eventuell mit Unterbrechungen und in das Gelände auslaufend. Am schönsten sind Mauern aus einheitlichem Steinmaterial oder in bewusst geplanten Kombinationen. Die Steinklasse sollte auch nicht zu groß gewählt werden.

Mauern aus Beton oder Gabionen werden meist eher streng geometrisch an das Haus angepasst, dann sollte allerdings der Garten dahinter natürlich geformt und mit dem bestehenden Gelände verlaufend gestaltet werden.

Mauern aus Rundhölzern Nicht so dauerhaft, dafür günstiger und einfach zu bauen sind Geländeabstützungen aus Rundhölzern, die sehr gut für einseitige Hochbeete genutzt werden können.

Geländestufen lassen sich mit Hochbeeten gefällig strukturieren.

Beispiel 1: Schnitt

Beispiel 2: Schnitt

Grundriss

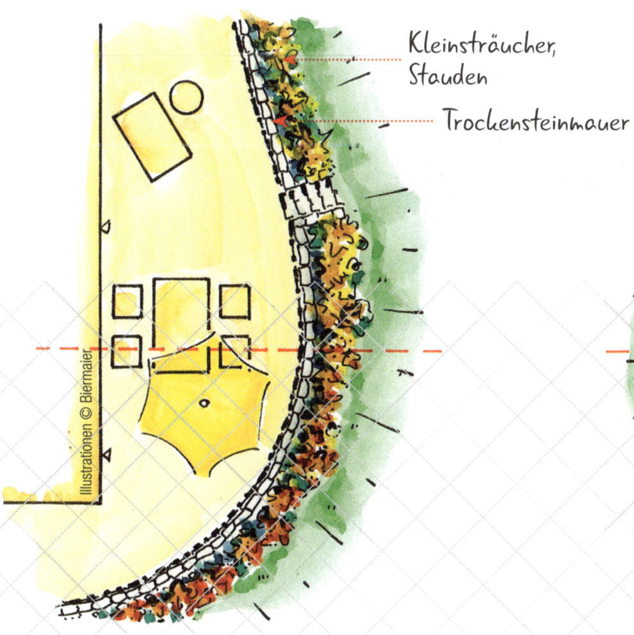

Grundriss

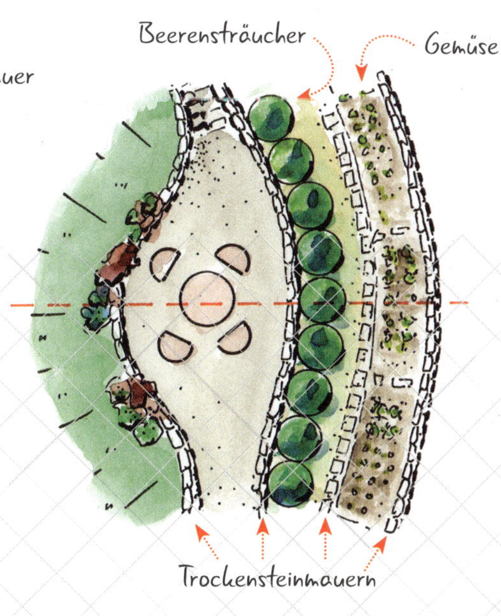

Foto © Del Boy/Shutterstock.com

Sitzplatz am Hochbeet

Zu dieser Idee gibt es zahlreiche Varianten, ob für Gärten in Hanglage oder in der Ebene. Im Prinzip dient die Einfassung bei allen Varianten der Schaffung eines blick- und windgeschützten Bereichs, der nicht allzu geschlossen wirkt und zugleich eine praktische Bepflanzung und Pflege ermöglicht.

Weitblick inklusive Am Hang wird durch ein Treppenhochbeet, das mit einer Mauer eingefasst ist, das schräge Gelände abgefangen und damit Platz gewonnen, der für eine Sitzgruppe genutzt werden kann. Im oberen Bereich eines Hangs kann sich dadurch ein Sitzplatz ergeben, der nach oben sehr geschützt ist und nach unten freien Ausblick ermöglicht – ein Platz zum Genießen und Erholen, ungestört und mit Blick in die Weite.

Sitzen im Hang Wenn das Haus am Fuß des Hangs steht, wird die Ebene für den Sitzplatz an der Rückseite des Hauses in den Hang geschnitten. Diese Fläche sollte, wenn möglich, nicht zu schmal sein, denn sie gibt dem Haus Luft. Es entsteht eine besonders geschützte Hausterrasse, die mit der entsprechenden Bepflanzung und mit einer Treppe und einer Mauer mit Blumentöpfen oder Gartenfiguren sehr individuell gestaltet werden kann. Beim Bau von Natursteinmauern ergeben sich Sitzsteine, Bänke oder Ablagen im Sitzbereich fast „von selbst". In diesem „Wohnraum im Freien" werden die Hausbewohner sicher viel Zeit verbringen.

Foto © Wrbka-Fuchsig

Auf ebener Erde

Foto © Wrbka-Fuchsig

Eine kleine, von Hochbeeten eingefasste Vertiefung neben der Hausterrasse lässt hier eine windgeschützte Feuerstelle entstehen.

Wenn der Garten eben ist, können frei stehende Hochbeete eine Einfassung für einen Sitzplatz bilden. Oder einseitige Hochbeete, die einen Wall mit ihrer Außenseite abstützen, umrahmen einen geschützten Platz.

Auch eine eigens geschaffene Vertiefung für einen Sitzplatz, die über ein paar Stufen zu erreichen ist, kann mit einseitigen „Hochbeeten" eingefasst werden und einen sehr geborgenen, windgeschützten Bereich entstehen lassen.

Ein derartiger Sitzplatz, bepflanzt mit duftenden Kräutern, eignet sich nicht nur für den Hausgarten – er fördert das Zusammengehörigkeitsgefühl im Gemeinschaftsgarten oder lädt Jugendgruppen zum gemeinsamen Singen und Spielen bei Lagerfeuerromantik ein.

Bepflanzung und Pflege

Üppiges Gemüse in Holzhochbeeten, höhere Naschsträucher als Sichtschutz auf Terrassen, duftende Kräuter in Steinhochbeeten, Beerenobst im Ziegelhochbeet oder lustige Weidenschiffe für Kinder – die Pflanzen passen zum Nutzer, zum Material und zum Standort. Vom leicht zu pflegenden Starterbeet mit Gemüse oder Kräutern für Salat oder Grillgut bis zu Naschsträuchern, deren Beeren fast in den Mund wachsen – im Hochbeet gedeiht alles besser und ist hübsch anzusehen. Terrassenbeete können passend zur Nutzung bepflanzt werden.

Foto © Wittka-Fuchsig

Gemüsehochbeet: Ernten rund ums Jahr

Foto © Wrbka-Fuchsig

Das Gemüsehochbeet ist das klassische Hochbeet schlechthin. Die Vorteile des rückenschonenden Erntens, der guten Nährstoffversorgung und der frühen Erwärmung der Erde (Frühbeet) kommen bei dieser Nutzung am besten zum Tragen.

Frisches Gemüse aus dem eigenen Hochbeet direkt zu verkosten oder zu einem pikanten Salat oder einer Suppe zuzubereiten, gehört zweifellos zu den größten Geschmacks- und Erfolgserlebnissen!

Um Krankheiten und Schädlingen vorzubeugen, sind der richtige Bodenaufbau und eine sinnvolle Mischkultur zu berücksichtigen. In schneckengeplagten Regionen ist ein Schneckenzaun sehr zu empfehlen. Dann kann auch gemulcht werden: Mit dünnen Schichten angetrockneten Rasenschnitts werden die nützlichen Bodenlebewesen gefüttert und der Boden vor Austrocknung und unerwünschten Beikräutern geschützt. Die so entstehende Krümelstruktur ist für die Wasserhaltefähigkeit, die Bodendurchlüftung und die optimale Nährstoffbereitstellung von großer Bedeutung.

Richtige Höhe Das Beet kann mehrmals im Jahr geerntet werden und sollte bezuglich seiner Höhe auf die gewünschte Bepflanzung abgestimmt sein. Ein Beet, in dem vor allem Tomaten oder Bohnen und Erbsen gezogen werden, sollte niedriger sein als eines für Salat, Mangold, Karotten etc., da man sich sonst beim Ernten (Erreichen der Früchte) schwertut.

Welches Gemüse angebaut wird, hängt vom Geschmack und den Ernährungsgewohnheiten der Nutzer ab und richtet sich nach dem Standort des Hochbeets. Ein sonniger Standort mit guter Gießmöglichkeit erlaubt fast alles; im Halbschatten und kühlen Klima kann das Hochbeet zumindest zu einer Verbesserung der schwierigeren klimatischen Bedingungen beitragen. Hier wäre auch ein Frühbeetaufsatz von Vorteil.

Gründüngung Wird das Hochbeet im Herbst gebaut, kann man entweder eine Mulchschicht aus Gras oder feinem Strauchhäcksel aufbringen oder Feldsalat säen. Letzterer kann auch zur Erholung im Fruchtfolgewechsel als Gründüngung angebaut werden, ebenso wie beispielsweise einjähriger Klee: z. B. Perserklee oder Alexandriner-Klee, Blaue Lupine (lange Pfahlwurzel, bei Verdichtungen) und *Phacelia* (Bienenfreund, schnell wachsend, trockenverträglich). Danach folgen Starkzehrer.

Mischkultur nutzen Bei der Mischkultur macht man sich die krankheits- und schädlingsabwehrende Wirkung mancher Gemüsearten und Kräuter zunutze. Beispielsweise wehrt Zwiebel die Möhrenfliege ab, Sellerie und Kohl wehren wechselseitig den Kohlweißling und den Sellerierost ab, Borretsch (Gurkenkraut) wirkt gegen Kohlschädlinge und ist nebenbei als essbare Blüte eine Zierde auf jedem Teller. Kümmel wirkt auf jede Kohlart geschmacksverstärkend, Knoblauch schützt vor Pilzerkrankungen. Endivien und Fenchel fördern einander gegenseitig, Bohnenkraut vertreibt die Schwarze Bohnenlaus und verbessert das Aroma von Bohnen.

Fruchtfolge planen Bei der Fruchtfolge wird der Nährstoffgehalt des Bodens berücksichtigt, das heißt, Gemüsesorten, die viel Nährstoffe brauchen, werden zuerst in die frisch gedüngte Erde oder in das frisch aufgebaute Beet gepflanzt. Gemüsesorten, die nur wenige Nährstoffe brauchen, folgen später in die bereits „ausgezehrte“ Erde. Bei einem einzelnen Hochbeet lässt sich diese Abfolge schwer verwirklichen, denn dazu fehlt der Platz. Hier können einzelne Gemüsesorten, die einen besonders hohen Nährstoffanspruch stellen, eine zusätzliche Versorgung erhalten, indem sie z. B. mit Brennnesseljauche (siehe Seite 70) gegossen werden.

Die Fruchtfolge lässt sich optimal mit vier Hochbeeten verwirklichen, die im jährlichen Wechsel bepflanzt werden. Auf Starkzehrer, folgen Mittelzehrer, dann Schwachzehrer, und im vierten Jahr kann sich das Beet mit Gründüngungspflanzen, die schön blühen und Insekten anlocken, erholen.

Starkzehrer:
z. B. Tomate, Kürbis, Kraut, Zucchini, Brokkoli, Gurke, Blumenkohl, Paprika, Zwiebel

Mittelzehrer:
z. B. Karotte, Mangold, Lauch, Kartoffel, Fenchel, Radieschen, Knoblauch, Kohlrabi

Schwachzehrer:
z. B. Salat, Buschbohne, Erbse, Pastinake, Spinat

Ernten rund ums Jahr Nach der Winterbedeckung mit z. B. Feldsalat kann im März mit der Saat von Radieschen, Spinat und Salat im Frühbeet (also mit Aufsatz) begonnen werden. Darauf folgen Pastinake, Mangold und Erbse, etwas später Karotte. Ab Ende April können die Samen von Buschbohnen, in Mischkultur mit Bohnenkraut, ins Hochbeet gelegt werden. Ab Mitte Mai können die vorgezogenen Jungpflanzen von Tomate, Paprika, Fenchel und Brokkoli, Gurke oder Kürbis und Zucchini gesetzt werden.

Tomaten werden zweckmäßigerweise in niedrige Hochbeete gepflanzt, damit die Früchte bei der Ernte gut erreichbar sind.

Radieschen und Salate werden alle drei bis vier Wochen geerntet und ständig nachgesät. Die ersten Erbsen können schon im Mai geerntet werden, während Brokkoli, Fenchel, Buschbohnen, Mangold, Karotte und Kohlrabi ab Ende Juni reifen. Mangold kann bis zum ersten Frost im November laufend geschnitten werden. Stangensellerie wird Ende Juli bis Ende September entnommen. Werden Lauchjungpflanzen erst im Mai gepflanzt, reifen sie von Oktober bis Ende März. Kraut wird von Oktober bis Mitte November geerntet. Im Herbst bedeckt wieder Feldsalat das Hochbeet.

So kann dem Gemüsehochbeet rund ums Jahr immer etwas Frisches zum Kosten oder Kochen entnommen werden.

Starterbeet: einfach zu Beginn

Mit den folgenden Gemüsesorten haben auch Anfänger in den entsprechend ausgeführten Hochbeeten sicher großen Ernteerfolg:

Niederes Beet (50–70 cm) Tomaten und Basilikum, Bohnen und Bohnenkraut, Petersilie und/oder Tagetes. Wählen Sie aus der Vielzahl wiederentdeckter Tomatensorten: von kleinen süßen Kirsch- oder gelben Datteltomaten bis hin zu grünen oder schwarz-roten Reise- oder Fleischtomaten. Als junge Pflänzchen Mitte Mai kaufen, in das gut mit Komposterde versorgte Beet setzen und an Stützstäben anbinden. Nur von unten gießen, die Blätter sollten so wenig wie möglich nass werden, um Braunfäule zu verhindern. Ab Mitte Juni bis September/Oktober kann geerntet werden! Bei der Einsaat von Basilikum oder auch Petersilie sollte ein Schneckenzaun Schutz bieten, da diese Kräuter zum „Lieblingsfutter“ der Nacktschnecken gehören. Buschbohnen keimen schnell im Mai, auch hier auf Schnecken achten. Höherwüchsige Feuerbohnen brauchen Stützstäbe, die man auch wie ein Tipi zusammenstecken kann, oder man verbindet sie und zieht die Bohnen als Sichtschutzwand. Bohnenkraut intensiviert den Geschmack.

Foto © Wrbka-Fuchsig

Die Höhe des Hochbeets richtet sich nach der Bepflanzung.

Höheres Beet (75–90 cm) Kresse, Mangold und Radieschen sind sehr leicht zu ziehen, sie keimen schnell und werden auch von Schnecken ziemlich verschont. Mangold gibt es mit leuchtend gelben oder roten Stielen. Er kann lange geerntet werden, da nur die einzelnen Blätter (mit Stielen) abgeschnitten werden und neue wieder nachtreiben.

Wurzeltiefe berücksichtigen

Die Wurzeltiefe ist für die Nährstoff- und Wasserkonkurrenz wesentlich, daher setzt man Tiefwurzler neben Flachwurzler.

Tiefwurzler:
Bohne, Karotte, Kürbis, Mangold, Paprika, Pastinake, Rote Rübe, Tomate, Weißkraut, Wirsing

Flachwurzler:
Erbse, Feldsalat/Vogerlsalat, Gurke, Kartoffel, Kopfsalat, Mais, Radieschen, Schalotte, Spinat, Zwiebel

Kräuter im Gemüsebeet:

Foto © stockcreations/Shutterstock.com

- benötigen meist wenig Platz
- bringen Farbe ins Beet
- sind pflegeleicht
- sind kaum Konkurrenten um Licht, Wasser und Nährstoffe
- locken zahlreiche Insekten an
- erschweren Gemüseschädlingen den Zugang zu ihrer Wirtspflanze

Kräuterhochbeet: vom Beet auf den Tisch

Ein Kräuterhochbeet findet den besten Platz an der sonnigsten Stelle im Garten, nahe der Küche oder dem Grillplatz. Kräuter kommen besonders gut in einem Hochbeet aus Natursteinen zur Geltung, da viele mediterrane Kräuter in einer steinigen Umgebung ihren Ursprung haben. Daher wollen die meisten auch einen eher sandigen Boden, was beim Befüllen der obersten Schicht zu berücksichtigen ist.

Als Terrassenbeet zur Abstützung des Hangs mit oder ohne Sitzmöglichkeit sind duftende, attraktiv blühende Kräuterbeete von mehrfachem Nutzen und Genuss! Die meisten blühenden Kräuter locken darüber hinaus viele Insekten wie Bienen, Hummeln und Schmetterlinge an.

Mediterrane Gewürzkräuter

Sie blühen hübsch, duften intensiv und gedeihen an warmen, sonnigen, eher trockenen Stellen am besten:

- **Basilikum** (*Ocimum basilicum*): muss jährlich neu gesät werden, vor Schnecken schützen

- **Bohnenkraut** (*Satureja montana*): winterharter Halbstrauch; Sommer-Bohnenkraut (*Satureja hortensis*): einjährig; für Bohnengerichte, Salate, Grillmarinaden oder als Tee; magenstärkend, blähungshemmend, keimtötend

- **Borretsch** (*Borago officinalis*): auch Gurkenkraut; einjährig, buschig; borstig behaart, selbstaussäend, breitet sich rasch aus; zu Quark, Suppen, Fisch- und Eiergerichten, essbare Blüten

- **Currykraut** (*Helichrysum italicum*): auch Italienische Strohblume; ausdauernd, silbergraue, nadelartige Blätter, gelbe Korbblüten; Gewürz für Reis-, Geflügel- und Fischgerichte

- **Dill** (*Anethum graveolens*): einjähriges Küchen- und Heilkraut, ab April im Freien säen, braucht es sonnig, warm und windgeschützt; zu Fisch- und Gemüsegerichten, Salaten, Soßen; Tee aus Samen gegen Verdauungsbeschwerden

- **Knoblauch** (*Allium sativum*): ähnlich Schnitt-Knoblauch (*Allium tuberosum*): grasartige Blätter wie Schnittlauch; wirkt stark antibiotisch, blutverdünnend und blutdrucksenkend; zu Erdbeeren: gegen Pilzkrankheiten

- **Lavendel** (*Lavandula angustifolia*): Halbstrauch; mehrere Arten und Sorten; zarte, junge Triebe als Würzkraut; als Tee oder Badezusatz: beruhigend, krampflösend; soll Ameisen und Blattläuse fernhalten; attraktive Blüte, auch für Bienen; Duft!

- **Majoran** (*Origanum majorana*): herbes Aroma, fördert Verdauung, zu Suppen, Eintöpfen, Kartoffeln; in unseren Breiten einjährig

- **Minzen** (Pfefferminze: *Mentha × piperita*; Rundblättrige Minze: *Mentha suaveolens*; Apfelminze: *M. × rotundifolia*) breiten sich rasch aus, am besten ein eigenes kleines Minzenbeet anlegen; hoher Wasserbedarf, gedeihen auch im Halbschatten; große Sortenvielfalt; frisch zu Süßspeisen oder Sirup verarbeitet, getrocknet als Tee

- **Oregano** (*Origanum vulgare*): Wilder Majoran, Gewöhnlicher Dost: mehrjährig, attraktive Blüte, auch für Bienen und Schmetterlinge

- **Rosmarin** (*Rosmarinus officinalis*): liebt warme, sandige und trockene Böden; fördert Verdauung und Durchblutung und stärkt die Nerven; Winterschutz erforderlich

- **Salbei** (*Salvia officinalis*): verschiedenste Arten und Sorten von Ananassalbei (*S. rutilans*), Honigmelonensalbei (*S. elegans*) bis zum hohen Muskatellersalbei (*S. sclarea*); auf sonnigen, trockenen, durchlässigen Standorten; intensiver Geschmack, antibakterielle, desinfizierende, wundheilende und entzündungshemmende Wirkung

- **Thymian** (*Thymus vulgaris*): auch in den Mauerfugen von Natursteinhochbeeten und für Duftliegen und betretbare Duftteppiche; Zitronenthymian (*Thymus × citriodorus*)
- **Ysop** (*Hyssopus officinalis*): wintergrün, 30–60 cm hoch; violette, duftende Lippenblüten, auch für Hummeln und Bienen; antiseptische Wirkung
- **Zitronenmelisse** (*Melissa officinalis*): breitet sich rasch aus; mehrjährig, bis 70 cm hoch; auch im Halbschatten auf humosem, durchlässigem Boden; ätherische Öle wirken beruhigend, Gerbstoffe gegen Magenbeschwerden

Kräuterpotpourri

Neben den beliebten mediterranen Kräutern gibt es eine Vielzahl an Würz- und Heilpflanzen, die sich im Hochbeet kultivieren lassen und zunehmend Eingang in naturnahe Gärten finden.

- **Coca-Cola-Strauch** (*Artemisia abrotanum* var. *maritima*): mehrjährig, sonnig, durchlässiger Boden; graugrüne Blätter: Lakritzeduft; bitter; als Tee verdauungsregulierend; Blätter in Duftsäckchen gegen Motten
- **Indianernessel** (*Monarda didyma*): auch Goldmelisse; mehrjährig, sonnig, feucht; leuchtend rote Blüten; anregend, verdauungsfördernd, schleimlösend, fiebersenkend; als Tee oder frisch in Salat, Obstsalat
- **Katzenminze** (*Nepeta cataria* bzw. *N. × faassenii*): mehrjährig, sonnig, eher feucht; lila (weiße) Blüte; bitter zusammenziehend; fiebersenkend, krampflösend, beruhigend; als Tee

Foto © Wrbka-Fuchsig

- **Kerbel** (*Anthriscus cerefolium*): einjährig, ähnlich Petersilie; feucht, Halbschatten/Schatten; anisähnlicher Duft; frisch für Suppen, Fisch- und Fleischgerichte
- **Estragon** (*Artemisia dracunculus*): mehrjährig, bis 1 m hoch; appetitanregend, verdauungsfördernd; nur frisch: gehackt in Fischsoßen, Kräuteressig, Suppen, Salaten
- **Kümmel** (*Carum carvi*): zweijährig (auch einjährig), sonnig, bis 1 m hoch, Doldenblütler, weiß blühend; Blätter als Gewürz in Suppen und Salaten; Samen appetitanregend, magenberuhigend, krampflösend; zu Fleisch-, Kartoffel- und Kohlgerichten, Suppen und Salaten
- **Rauke/Rucola** (*Eruca sativa*): einjährig, sonnig, raschwüchsig; reich an Senfölen und Vitamin C, antibakteriell, verdauungsfördernd; als Salat oder Gewürz in Soßen und Kräuteraufstrichen
- **Purpur-Sonnenhut** (*Echinacea purpurea*): mehrjährig, sonnig, trocken; attraktive rosapurpurne Blüten; Blütentee: immunsystemstärkend, entzündungshemmend
- **Zitronenverbene** (*Aloysia triphylla*): auch Zitronenblatt, Kleinstrauch, nicht frosthart (im Haus überwintern); Zitronenduft; verdauungsberuhigend; Blätter getrocknet als Tee

Insekten-Lieblingspflanzen

Die richtigen Pflanzen im Hochbeet locken Insekten in den Garten, wobei generell ungefüllte Blüten wesentlich mehr Nahrung bieten als gefüllte, weshalb man auf Zuchtformen zugunsten von Blüten mit hübschen Staubgefäßen und Saftmalen eher verzichten sollte. Folgende Pflanzen sind für Insekten ein Gaumenschmaus, da sie sehr viel Nektar und Pollen enthalten, und sind auch für uns eine Augenweide:

Foto © Ortodox/Shutterstock.com

Wiesen-Salbei ist ein „Leckerbissen" für Bienen.

Foto © Wrbka-Fuchsig

Foto © /Shutterstock.com

Viel Nektar

- Akelei

Viel Nektar und Pollen

- Beerensträucher, z. B. Brombeere, Himbeere oder Stachelbeere

Sehr viel Nektar und Pollen

- Bärlauch
- Bienenfreund
- Eselsdistel und Mariendistel
- Glockenblume
- Löwenmäulchen
- Wicke und Klee
- Wiesen-Salbei

Sehr viel Nektar

- Flockenblume

Sehr viele Pollen

- Johanniskraut
- Malve
- Mohn
- Nachtkerze
- Winterling

Viel Nektar, sehr viele Pollen

- Königskerze
- Kornblume
- Kugeldistel
- Lerchensporn

Foto © Hannamariah/Shutterstock.com

Naschhochbeet: direkt in den Mund!

Aus verschiedenen Gründen kann eine Bepflanzung des Hochbeets mit Beerensträuchern das Richtige sein. Entweder suchen Sie einen Sichtschutz, der nicht allzu hoch wird und etwas zum Naschen bietet, oder Sie wollen gern Heidelbeeren oder Beeren ähnlicher Kleinsträucher bodensaurer Wälder ernten, dann bietet das Hochbeet die Möglichkeit, die speziellen Bodenansprüche der Heidelbeere, Preiselbeere und Cranberry in befriedigendem Ausmaß zur Verfügung zu stellen. Auch ohne Torf, mit gut zersetztem Rindenhumus, Kokosfasern und/oder guter Komposterde mit Nadelstreumulch, gedeihen Heidelbeeren bei ausreichender Wasserzufuhr in der Sonne bis im Halbschatten sehr gut.

Den klassischen Naschsträuchern wie Himbeeren sind im Hochbeet Grenzen der Ausbreitung gesetzt, was auch von Vorteil sein kann. Sie sind allerdings für reichliche Kompostgaben und Mulchen mit Laub, Häckselgut oder Rasenschnitt sehr dankbar.

Für einen naschbaren Sichtschutz, z. B. auf der Terrasse, eignen sich vor allem die attraktiv blühenden Sträucher Felsenbirne und Frucht-Dirndlstrauch/Kornelkirsche, die bis zu 2–3 m hoch werden können. Sie vertragen einen Rückschnitt sehr gut und können so in Form gehalten werden.

Eine niedrige Dränageschicht (ca. 10–20 cm) aus Schotter, Kies oder Leca wird mit Vlies abgedeckt (um nicht zu sehr mit der Erde zu verschlämmen); die darauffolgende Substratschicht sollte für Obstgehölze mindestens 40–50 cm dick sein. Auch Polsterpflanzen und Frühlingsblüher ergänzen Obstgehölze sehr gut. Als Bodendecker können Walderdbeeren oder Kräuter gepflanzt werden.

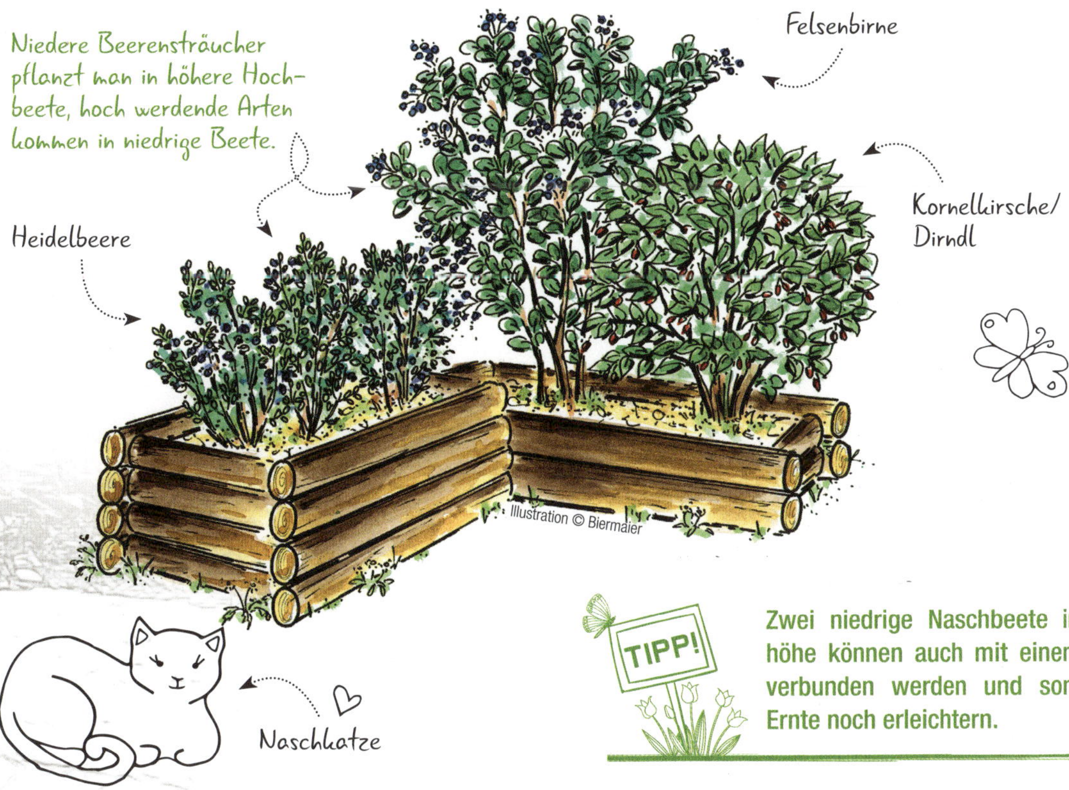

TIPP!

Zwei niedrige Naschbeete in Sitzhöhe können auch mit einem Brett verbunden werden und somit die Ernte noch erleichtern.

Foto © AMV_80/Shutterstock.com

Foto © gorillaimages/Shutterstock.com

Naschsträucher für Hochbeete oder große Tröge (mind. 60 cm hoch, 120 cm lang und tief)

nach Kleinod, B., 2011 (verändert):

Deutscher Name (*Botan. Name*)	Substrat Standortanspruch	Unterpflanzung	Bemerkungen
(Zwerg) Felsenbirne (*Amelanchier ovalis* var. *pumila*)	Kalkhaltige Gartenerde Sonne	(Zitronen-)Thymian, Basilikum, Lavendel	Blüht weiß, April, Früchte: dunkelviolett, Juli
Rote/Weiße Johannisbeere (*Ribes rubrum*) **Josta** (*Ribes × nidigrolaria*) **Himbeere** (*Rubus idaeus*) **Stachelbeere** (*Ribes uva-crispa*)	Humushaltiger Lehmboden, normaler Gartenboden Sonne	Monatserdbeeren, Wald-, Ananas-, Erdbeeren	Selbstfruchtbar Mulchschicht von Vorteil
Japanische Weinbeere (*Rubus phoenicolasius*)	Normaler Gartenboden Sonne	Minzen, Zitronenmelisse	Himbeerähnlich, Stäbe als Kletterhilfe
Scheinquitte (*Chaenomeles japonica*)	Normaler Gartenboden Sonne bis Halbschatten	**Kap-Stachelbeere** (*Physalis peruviana*)	2. Sorte setzen, da selbstunfruchtbar
Amerikanische Kultur-Heidelbeeere (*Vaccinium corymbosum*)	Rindenhumus (kein Rindenmulch, kein Torf!) Kokosfaser mit Kompost und Gartenerde (Sonne bis) Halbschatten	**Preiselbeere** (*Vaccinium vitis-idaea*) **Cranberry** (*Vaccinium macrocarpon*)	Keine Staunässe! 2. Sorte setzen, da selbstunfruchtbar; Flachwurzler
Frucht-Dirndlstrauch, Kornelkirsche (*Cornus mas* 'Jolico', 'Kasanlaka' etc.)	Kalkreicher Gartenboden Sonne	Erdbeeren Kräuter	Blüht gelb (März) Früchte: rot (Aug./Sept.) 2. Sorte (oder Wildstrauch) setzen, da selbstunfruchtbar; Zuchtsorten süßer, größer, saftiger

Foto © Onlyyouqj/Freepik

Im Zier- und Wohlfühlgarten

In einem weitläufigen Garten mit großer Rasenfläche kann mit Staudenhochbeeten ein besonderer Akzent gesetzt werden, vor allem, wenn Materialien wie Weidengeflecht oder Natursteine in kunstvollen Formen verwendet werden. Welche Stauden am besten zur Geltung kommen, hängt vom umgebenden Garten, der Architektur des Hauses und nicht zuletzt vom persönlichen Geschmack ab. Die Befüllung des Hochbeets wird auf die Bepflanzung abgestimmt; Bauerngartenstauden brauchen relativ nährstoffreichen Boden mit Kompost; Präriestauden und Gräser bevorzugen sandigen, durchlässigen Boden. Mit Farben kann man verschiedene Stimmungen und Charaktere hervorzaubern.

Foto © Wrbka-Fuchsig

Foto © Haas / IgorSokolov(breeze)/shutterstock.com

Stauden bieten durch bunte Blüten und attraktive Blätter ganzjährig ein abwechlungsreiches Bild.

Staudenhochbeete in der Sonne

In sonnigen Bereichen werden durch gelb-orange-rote Stauden feurige Akzente gesetzt, durch blaue Farbtöne wird Kühle simuliert.

Flammenbeet Pflanzenvorschläge für ein gelb-orange-rotes Farbbeet in der Sonne in Kombination mit Gräsern:

- **Echt-Alant** (*Inula helenium*): gelb, Heilpflanze, sehr hoch (100–200 cm)
- **Frauenmantel** (*Alchemilla mollis*): gelb
- **Frühlings-Adonisröschen** (*Adonis vernalis*): niedriger, schöner Frühlingsblüher
- **Gelb-Lauch** (*Allium flavum*): für trockene Standorte
- **Gämswurz** (*Doronicum austriacum*, *D. clusii* oder *D. orientale*): gelb, Mai–Juni, 40–70 cm
- **Gilbweiderich** (*Lysimachia punctata*): blüht gelb, ca. 40 cm hoch, sehr wüchsig, pflegeleicht
- **Goldlack** (*Erysimum cheiri*): zweijährig, selbst aussäend
- **Goldschopf-Aster** (*Aster linosyris*): 15–40 cm, goldgelb, Juli–Oktober
- **Kaiserkrone** (*Fritillaria imperialis*): orange
- **Königskerze** (*Verbascum thapsus*, V. *densiflorum*)
- **Kokardenblume** (*Gaillardia* 'Kobold'): gelb-rot
- **Mädchenauge** (*Coreopsis*)
- **Montbretie** (*Crocosmia*)
- **Nachtkerze** (*Oenothera biennis*): zweijährig, selbst aussäend
- **Ochsenauge** (*Buphthalmum salicifolium*): gelb
- **Orientalischer Mohn** (*Papaver orientale*): orange-rot
- **Pechnelke** (*Silene viscaria*)
- **Brennende Liebe** (*Silene chalcedonica*)
- **Purpurglöckchen** (*Heuchera*-Hybriden): rot blühend
- **Schleierkraut** (*Gypsophila repens*)
- **Sonnenbraut** (*Helenium*-Hybriden)
- **Sonnenhut** (*Rudbeckia fulgida* oder *R. nitida*): gelb mit schwarzem Blütenkorb
- **Steinkraut** (*Alyssum montanum*) und
- **Felsen-Steinkresse** (*Aurinia saxatilis*): gelb blühende Polsterpflanzen
- **Gelb-Taglilie** (*Hemerocallis lilioasphodelus*): orange oder gelb, breiten sich aus

Genügsames fürs Präriehochbeet

Für ein trockenheitsliebendes Präriebeet verwendet man z. B. Nacht- und Königskerze, Indianernessel, Kugeldistel, am Rand Heiligenkraut und Mauerpfeffer sowie Fetthenne und Steppen-Anemone. Lavendel, Thymian, Muskateller-Salbei und Steppen-Salbei setzen rosa-violette Farbakzente.

Als Gräser in der Mitte kommen Zittergras, Federgras oder Büschel-Haargras, Perlgras sowie Lampenputzergras infrage.

Foto © LianeM/Shutterstock.com

Foto © Vahan Abrahamyan/Shutterstock

TIPP! Am Rand von Steinbeeten kommen Polsterpflanzen wie Steinkraut, Schleifenblume oder Silberwurz gut zur Geltung.

Staudenhochbeet im Schatten

Im Schatten unter Laubbäumen kann sich ein niedriges Hochbeet beispielsweise als Einfassung einer Baumscheibe ergeben. Hier wird man vor allem helle Blütenfarben und hellgrüne Blattstauden bevorzugen. Weiß blühender Waldgeißbart, Schaumblüte und Japan-Anemone neben hellblättrigen Funkien, hellen Farnen (z. B. Straußenfarn) sowie gelb blühendem Beinwell und das interessant blühende Lungenkraut setzen die richtigen Akzente. Ergänzt mit den Frühlingsblühern Buschwindröschen, Gelbes Windröschen, Traubenhyazinthe und Blaustern wird der Schattenbereich unter Laubbäumen zum bunten Blütenmeer. Im Herbst blüht noch das Herbst-Alpenveilchen (*Cyclamen hederifolium*).

Romantikbeet Pflanzenvorschläge für ein blau-rosa-weißes Farbbeet in der Sonne:

Hohe Stauden für den Hintergrund:

- **Flammenblume** (*Phlox paniculata*): weiß, rosa, rot
- **Flocken- und Glockenblumen**: blau
- **Kugellauch/Zierlauch** (*Allium aflatunense* oder *A. giganteum*): violett
- **Malve/Echter Eibisch**: rosa
- **Muskateller-Salbei** (*Salvia sclarea*): rosa, Mai–August, duftet
- **Purpur-Sonnenhut** (*Echinacea purpurea*): rosa-purpurviolett, Heilpflanze
- **Rittersporn** (*Delphinium/Consolida*): blau
- **Stockrose** (*Alcea rosea*): samt sich selbst aus, viele Blütenfarben
- **Schmuckkörbchen** (*Cosmos bipinnatus*): rosa-weiß, samt sich selbst aus
- **Tränendes Herz** (*Dicentra spectabilis*): rosa, weiß

Niedere Stauden für den Vordergrund:

- **Ästige Graslilie** (*Anthericum ramosum*): weiß, Juni–August
- **Bartnelke** (*Dianthus barbatus*): rosa, rot, Juni–August
- **Blut-Storchschnabel** (*Geranium sanguineum*): rosa
- **Duftende Dichter-Narzisse** (*Narcissus poeticus* var. *recurvus*): weiß mit rötlichem Auge, März–Mai
- **Großblüten-Bergminze** (*Calamintha grandiflora*): helllila, Juni–September
- **Heide-Nelke** (*Dianthus deltoides*): rosa; Schneerose (*Helleborus niger*): weiß
- **Tausendgüldenkraut** (*Centaurium erythraea*): rosa

Duftende Lieblingsplätze

An sonnigen Plätzen und in Terrassennähe bereichern Duftstauden oder -gehölze in Hochbeeten das Gartenerlebnis. Je sonniger der Standort, umso verführerischer verwöhnt der Duft unsere Nasen.

Duftliege Integriert in eine terrassierte Böschung oder eine Sitzmauer an der Terrasse oder auch frei stehend und mit Thymian bepflanzt kann ein Dufthochbeet auch als Duftliege dienen, auf die man sich vor der Blüte direkt darauflegen und den Duft genießen kann.

Duftbeet Gibt es in einem großen Garten einen sonnigen Platz, an dem als Windschutz eine kleine Pergola mit Bank errichtet werden kann, wird der Duft besonders intensiv erlebt. Auf die Pergola können duftende Kletterrosen, Blauregen (giftig!) oder im Halbschatten wohlriechendes Geißblatt/Jelängerjelieber ranken. In Holz- oder Steinhochbeeten neben der Bank verströmen verschiedene Stauden und Kleinsträucher ihre Düfte: Lavendel, Strauch-Pfingstrose; Nachtkerze, wohlriechendes Veilchen, Zitronen-Katzenminze, Thymian, verschiedene Minzen, Muskateller-Salbei, Nachtviole und viele mehr.

Originelle Bettstatt

Hat man Zugang zu einem alten Bett aus witterungsbeständigem Material, kann man es in größeren Gärten als besonderes Gestaltungselement wie ein Hochbeet mit duftenden Kräutern oder Polsterpflanzen bestücken. In einem schattigen Garten ist es auch möglich, das Bett von Moos überwachsen zu lassen. In jedem Fall ist es ein außergewöhnlicher Blickfang.

Wellenbeet – „trockenes Wasserbeet"

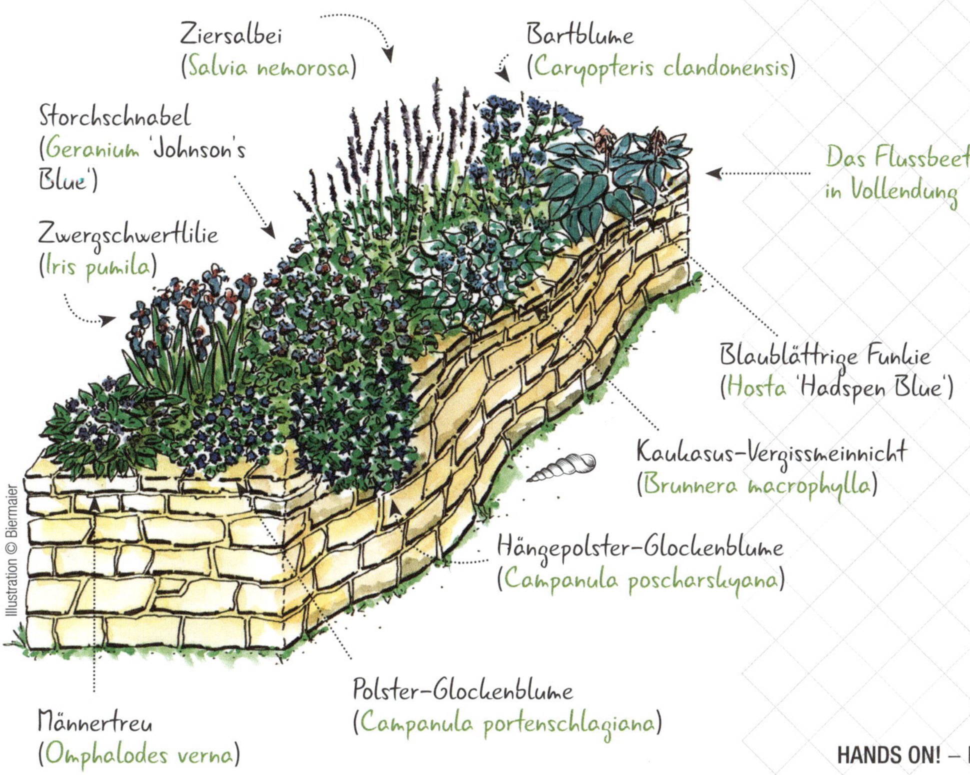

Aus Natursteinen oder Drahtschotterkörben (Gabionen) kann ein geschwungenes, frei stehendes Hochbeet gebaut werden, das in der Form einer Welle an einen Bachlauf erinnert. Durch die Bepflanzung mit vor allem blau blühenden Stauden und wogenden Gräsern und gemulcht mit hellen Kieselsteinen erinnert es in seiner Wirkung an einen Bach. Das Beet sollte schmal und lang sein, also z. B. 50 cm breit und 5 m lang oder ähnliche Maße, etwa im Verhältnis 1 : 10, aufweisen. Die Wellenform wird durch eine in der Höhe abgestufte Staudenpflanzung verstärkt. Gräser werden in kleinen Gruppen dazugepflanzt und vermitteln auch im Herbst/Winter einen schönen Eindruck.

Das Flussufer bepflanzt man beispielsweise mit Großblättrigem Kaukasus-Vergissmeinnicht (*Brunnera macrophylla*), Kissenaster (*Aster dumosus*), Lavendel (*Lavandula angustifolia*), Polsterglockenblume (*Campanula portenschlagiana*), Salbei (*Salvia pratensis* oder *S. officinalis*, *S. lavandulifolia* oder *S. nemorosa* 'Blauhügel') und Storchschnabel (*Geranium sylvaticum* oder *G. himalayense*). Als Zwiebelpflanzen fürs zeitige Frühjahr eignen sich Blaustern und Traubenhyazinthe.

Der Fluss kann aus Bergminze (*Agastache*-Arten: z. B. *A. rugosa*), Blauem Eisenhut (*Aconitum napellus*), Blauraute (*Perovskia atriplicifolia* 'Blue Spire'), Blutweiderich (*Lythrum salicaria*), Duftnessel (*Agastache serpentinus*), Glockenblume (*Campanula persicifolia* oder *C. medium*), Jakobsleiter (*Polemonium acutiflorum*), Lupine (*Lupinus angustifolius* oder *L. polyphyllus*), Prachtscharte (*Liatris spicata*), Prachtspiere (*Astilbe japonica* bzw. Hybriden) und Sibirien-Schwertlilie (*Iris sibirica*) gestaltet werden.

Schaumkronen Im Schatten hellen Weiße Astilbe, Schaumblüte und Waldgeißbart, in der Sonne Schleierkraut, Steppen-Windröschen, Schafgarbe und weiß blühende Nelkenarten das Beet auf und lassen in der Fantasie kleine Schaumkronen entstehen. Blauschwingel, Blaugrünes Schillergras, Federgras und Pfeifengras schaffen Bewegung im „Wasserfluss" und grüne Tiefe.

Blühende Geborgenheit

Mit schön blühenden Kletterpflanzen kann in Trögen/Kästen oder im frei stehenden (oder an die Hausmauer angelehnten) Hochbeet ein guter Sichtschutz erzielt werden. Das Hochbeet ist bei schlechtem Boden die richtige Wahl. Will man die Kletterpflanzen direkt von der Terrasse oder dem Kfz-Abstellplatz wachsen lassen, muss man ein unten geschlossenes Gefäß wie Kübel, Trog oder Holzkiste nehmen. Je nach der Platzverfügbarkeit kann man beispielsweise mit einjährigen Kletterpflanzen wie der „Schwarzäugigen Susanne", Duftwicken oder verschiedenen Prachtwinden auch kleine niedrige Tröge bepflanzen.

Steht genügend Platz zur Verfügung und die Tröge dürfen größer ausfallen, oder es kann in einem Hochbeet mit sehr guter Wurzelversorgung gerechnet werden, eignen sich viele attraktiv blühende Kletterpflanzen wie Clematis-Arten, Kletterrosen, Blauregen, Trichtertrompete oder Schlingendes Geißblatt, um eine dichte, blühende Wand als Sichtschutz zu erzeugen. Ebenso gut und nicht minder attraktiv kann auch rankendes Beerenobst wie Stachellose Brombeere, Kiwi oder Wein (Tafeltrauben) als Sichtschutz dienen.

Kulinarisches Terrassenbeet

Wird die Böschung mithilfe von Natursteinen terrassiert, können auf den Zwischenebenen verschiedene Köstlichkeiten angebaut werden. Das oberste, sonnigste Beet (das auch etwas höher gebaut werden kann) eignet sich zum Beispiel für duftende Kräuter, weiter unten können Beerensträucher oder sogar kleine Busch- oder Spindel-Obstbäume gepflanzt werden.

Ebenso können auch zuoberst Beerensträucher und Spindelobst als Sichtschutz gepflanzt werden und im unteren Böschungsbereich Kräuter und Erdbeeren, die dann vom Garten aus bequem geerntet werden können.

Südseitige Terrassen lassen sich aufgrund der guten Lichtverhältnisse am besten nutzen:

- Ein Kräuterbeet auf der obersten Ebene wächst fast in die Küche: Thymian, Majoran, Rosmarin, Oregano, Salbei, Ysop, Currykraut und viele andere gedeihen dort besonders gut.

- Vom Beerenbeet kann man direkt von der Terrasse aus die köstlichen Früchte genießen: Himbeere, Johannisbeere, Stachelbeere, Josta, Apfelbeere, Felsenbirne und darunter Monatserdbeeren sind eine gute Kombination.

- Aber auch Wildobststräucher, wie Dirndl/Kornelkirsche (*Cornus mas* in Sorten, z. B. 'Jolico' oder 'Kasanlak'), Felsenbirne (*Amelanchier ovalis, A. lamarckii*) oder Apfelbeere (*Aronia melanocarpa*), eignen sich für die Terrassenbeetbepflanzung vorzüglich.

- Klein bleibende Busch- bzw. Spindel-Obstbäume sind eine sinnvolle Ergänzung des „Genussbeets“. Diese Minibäume tragen bereits sehr früh Früchte, werden allerdings kaum älter als 10–15 Jahre.

Schattiges Terrassenbeet

Im Schatten können neben den auf **Seite 64** genannten Stauden auch Buchs und Eibe zum Einsatz kommen. An manchen Standorten darf die Bepflanzung nicht zu hoch werden, hier können schattenliebende Polsterstauden verwendet werden (Auswahl):

- **Beinwell** (*Symphytum officinale*): breitet sich aus, gelbe, aber auch weiße und rosa Arten
- **Blut-Storchschnabel** (*Geranium sanguineum*): blüht rosa, schöne Polsterstaude, pflegeleicht
- **Frauenmantel** (*Alchemilla mollis*): gelb
- **Immergrün** (*Vinca minor* und *V. major*): blau-violett, guter Bodendecker
- **Leberblümchen** (*Hepatica nobilis*): blau
- **Lungenkraut** (*Pulmonaria officinalis*): rosa-blau
- **Polsterglockenblume** (*Campanula portenschlagiana*): blau blühende Polsterpflanze
- **Schleifenblume** (*Iberis sempervirens*): weiß blühende Polsterpflanze für Steinmauern
- **Schneerose** (*Helleborus niger*): weiß, auf kalkhaltigen Böden
- **Schlüsselblume** (*Primula veris*): gelb

Hochbeete an mit Naturstein terrassierten Böschungen können je nach Zugänglichkeit unterschiedlichst bepflanzt werden.

Foto © Wrbka-Fuchsig

Foto © GartenAkademie

Lungenkraut (Pulmonaria officinalis)

Rankender Sichtschutz zum Ernten

Weintrauben: Auswahl guter Sorten, die auch ohne Pestizide gesund gedeihen:

- 'Blauer Portugieser': dunkelblaue, große Trauben, starkwüchsig, frühe Reife
- 'Gelber Muskateller': sehr gute Tafeltraube mit feinem Muskatgeschmack, für gute, nicht zu trockene und eher kalkarme Böden
- 'Gutedel Weiß': gelbbraune, gute Tafeltraube, mittelreif
- 'Muskat Blue': große, lockere blaue Trauben, Muskatgeschmack
- 'Königliche Esther': blaue, runde, fruchtige Beeren, für späte Lagen
- 'Perle von Zala': sehr frühreife, süße, gelbe Beeren mit festem Fruchtfleisch
- 'Isabella': spätreife, blaue, große Trauben mit ovalen Beeren
- Uhudlersorte 'Bianca': gelbe, süße Trauben, starkwüchsig, sehr winterhart

- Kiwi (*Actinidia deliciosa*) oder Japanische Honigbeere/Bayernkiwi/Minikiwi (*Actinidia arguta*) mind. 2–3 Stück, da männliche und weibliche Pflanzen zur Befruchtung nötig, nur im Weinbauklima, da frostempfindlich

- Stachellose Brombeere: (*Rubus fruticosus* 'Navaho' oder 'Thornless Evergreen'): rankt entlang eines Rankgitters

Foto © Posonskyi Andrey/Shutterstock.com

Foto © JanaBehr/Shutterstock.com

Die bekannte Kiwifrucht (im Hintergrund) und ihre kleinen Schwestern, die Minikiwis, sind begehrte Vitaminlieferanten.

TIPP!

Wer nichts ernten möchte, setzt vereinzelte Kleinsträucher (z. B. Blauraute, Bartblume, Zwergdeutzie, Schwarzschotenginster, Färberginster, Kronwicke, Zwergmandel) in Kombination mit Gräsern und Polsterpflanzen.

Hochbeete pflegen

Foto © lavizzara/Shutterstock.com

Über die Jahre verrotten die Pflanzenreste im Hochbeet, wodurch das Erdreich absackt. Deshalb ist es vor dem erneuten Bepflanzen notwendig, das Beet mit reifem Kompost wieder aufzufüllen. Eine weitere Düngung ist meist nicht erforderlich und sinnvoll. Lediglich Urgesteinsmehl oder Hornspäne können (vor allem bei Starkzehrern im Gemüsebeet) zur Bodenverbesserung verwendet werden. Damit werden wertvolle Nährstoffe, Spurenelemente und Mineralien, die durch die Ernte entzogen wurden, wieder zurückgegeben.

Substrat tauschen

Nach fünf bis sieben Jahren sind die Nährstoffe im Hochbeet so weit aufgebraucht, dass man die Beetfüllung komplett austauschen sollte. Das organische Material hat sich in diesem Zeitraum zersetzt. Die verbrauchte Erde des Hochbeets kann dann im Garten ausgebracht werden und als Bodenverbesserung für Blumen- und Gemüsebeete dienen oder dem Komposthaufen zugeführt werden.

Richtig gießen

Das Gießen erfolgt gezielt mit einer Gießkanne oder mit einer Tröpfchenbewässerung an einem Zulauf am äußeren Beetrand. Damit wird vor allem das Gemüse von unten und am besten nur morgens gegossen, um die Blätter trocken und frei von Pilzen zu halten. Eine Bewässerung am Abend fördert den Befall mit Schnecken, da diese die ganze Nacht über feuchte Verhältnisse vorfinden.

Um eine Austrocknung zu vermindern und gleichzeitig düngende Wirkung zu erzielen, kann man das Beet in trockenen Regionen dünn mit Rasenschnitt, Laub oder Kompost mulchen. Wird mineralisch gemulcht, also etwa mit Schotter, Kies oder Ziegelsplitt, ist eine nachträgliche Bodenverbesserung schwer möglich, nur gesiebte Brennnessel- oder Beinwelljauche oder Flüssigdünger schaffen hier Abhilfe.

Pflanzen düngen und stärken

Im üppigen Gemüsebeet ist die Konkurrenz um Nährstoffe und Wasser groß, wenn die Pflanzen für die Ernte ausreifen. Starkzehrer können gezielt mit Jauchen gedüngt werden, um eine Extraportion Nährstoffe zu erhalten oder um ihre Gesundheit zu stärken.

Zur Herstellung der Jauchen werden Kräuter mit Wasser angesetzt. Die im Wasser gelösten Wirkstoffe gelangen leicht bis zu den Wurzeln und werden von den Pflanzen rasch aufgenommen. Da Jauchen sehr scharf sind und zu Verbrennungen an den Pflanzen führen können, sollten sie nur stark verdünnt und vorzugsweise an trüben, regnerischen Tagen ausgebracht werden.

Brennnessel- oder Beinwelljauche 1 kg grob geschnittenes Brennnessel- oder Beinwellkraut wird in einem Fass oder Kübel mit 10 l Wasser (am besten Regenwasser) übergossen und an einem warmen Ort stehen gelassen. Das Fass sollte nicht aus Metall sein, um keine unerwünschten chemischen Reaktionen auszulösen. Die Flüssigkeit beginnt rasch zu gären und sollte täglich umgerührt werden. Zur Geruchsbindung kann Gesteinsmehl über die Jauche gestreut werden. Man kann das Fass auch abdecken bzw. durch ein Gitter verhindern, dass Tiere hineinstürzen, darf es jedoch nicht dicht verschließen. Nach zwei bis drei Wochen ist der Gärungsprozess abgeschlossen.

Die dunkel gefärbte Flüssigkeit wird von 1 : 10 bis 1 : 20 mit Wasser verdünnt und direkt zu den Wurzeln gegossen. Brennnesseljauche ist stickstoffreich, allgemein pflanzenstärkend und hilft gegen Blattchlorosen und Welkekrankheit. Beinwelljauche ist ebenfalls stickstoff- und auch kalihaltig und besonders stärkend für Tomaten.

Weitere Kräuter wie Löwenzahn, Ringelblume oder Rainfarn können genauso angesetzt oder gleich beigemischt werden. Löwenzahn regt das Pflanzenwachstum an, die Ringelblume erhöht die Widerstandskraft, und Rainfarn enthält Inhaltsstoffe gegen Pilze, Milben und Blattläuse. Auch Knoblauch und Zwiebel werden zerhackt zu Jauchen angesetzt und wirken unterstützend gegen Pilzkrankheiten.

Flüssiger Kompost Auch Kompost kann mit Wasser angesetzt „leichter verdaulich" gemacht werden. Eine Schaufel Kompost wird mit 10 l Wasser angesetzt. Wenn sich die festen Teilchen abgesetzt haben, kann der entstandene dunkle Komposttee abgegossen und gleich verwendet werden.

Das Kräuterbeet wird mit einer sandigeren Erdmischung befüllt und braucht keinen Dünger und sehr wenig Wasser.

Nützlinge im und um das Hochbeet

Eine ausgewogene Tierwelt unterstützt die Pflanzengesundheit im Gemüsegarten ebenso wie Mischkultur und Fruchtfolge.

Reiches Bodenleben Im Hochbeet liefern das gemischte, organische Material und eine Mulchschicht reiche Nahrung für das Bodenleben. Der Kontakt mit dem Untergrund ist wichtig, damit die Bodentiere in tiefere Schichten ausweichen können, wenn es im Hochbeet zu warm oder zu kalt wird.

„Wo sich der Regenwurm aufhält, ist guter Boden." Er bohrt tiefe Gänge in die Erde, die er mit seinen mineralstoffreichen Ausscheidungen verfestigt, und transportiert organisches Material (auch die Mulchschicht) von den oberen Schichten nach unten. Eine lockere, durchlüftete Bodenstruktur mit nährstoffreichen Krümeln entsteht. Diese ist wesentlich stabiler als ein mechanisch gelockerter Boden. Grabwerkzeuge sollten daher mit Vorsicht eingesetzt werden.

Lebensräume schaffen Im Garten sollte man an alle Insekten denken und ihnen entsprechende Lebensräume erhalten. Sie finden Unterschlupf in kleinen Hohlräumen zwischen Steinen und in der Erde, auf Halmen, Zweigen und unter dem Laub. In einem reich strukturierten Garten mit kleinräumiger Abwechslung stellt sich von selbst eine vielfältige Tierwelt ein. Nischen und Ritzen in einem Hochbeet können die Insekten auch direkt als Quartier nutzen. Bei einem Schädlingsbefall sind die Nützlinge gleich zur Stelle und die Schädlinge können sich gar nicht erst ausbreiten.

Marienkäfer und Co. Auch der allseits bekannte Marienkäfer und seine Larven sind eifrige Blattlausvertilger. Marienkäfer überwintern unter dem Laub oder unter Grashalmen und in kleinen Ritzen. Wenn sie im Frühjahr viele Blattläuse vorfinden, können sie sich entsprechend vermehren. Auch Florfliegen und die Larven der Schwebfliegen ernähren sich von Läusen. Sie alle finden in heimischen Hecken, hohen Wiesen und Saumgesellschaften Unterschlupf. Diese Lebensräume sollten deshalb in der Nähe von Obstgehölzen und von den Beeten zu finden sein.

Wildbienen nutzen hohle Pflanzenstängel oder Erdgänge als Niströhren. Dort legen sie ihre Eier ab und versorgen sie mit Blütenstaub. Die geschlüpften Maden ernähren sich davon, verpuppen sich und überwintern noch in den Röhren. Finden die Bienen gebündelte Stängel oder Lehm und Holz mit Löchern (2–8 mm Durchmesser, ca. 10 cm lang) in der Nähe der Beete vor, bestäuben sie die Blüten gleich dort im Umfeld.

Für ein Hochbeet oder Terrassenbeet, das aus Gestaltungsgründen angelegt wird, können die Pflanzen eigens für die Insektenwelt ausgewählt werden. Weidepflanzen für Bienen, Hummeln und Schmetterlinge und deren Raupen haben hohen Zierwert und duften – so haben alle etwas davon (Pflanzliste siehe Seite 60). Sind die Hochbeete aus Naturstein oder Klinker, werden sie außerdem gern von Eidechsen und Blindschleichen aufgesucht. An sonnigen Tagen genießen die wärmeliebenden Tiere die Abstrahlung der aufgeheizten Steine. In den Ritzen zwischen den Steinen sowie in Erdspalten und unter Totholzhaufen verkriechen sich Kröten, Igel, Maulwürfe und Spitzmäuse. Alle leben von Insekten, von Schnecken und Würmern. Ein intakter Naturhaushalt macht sich im ganzen Garten bemerkbar. Wenn sich die Natur von selbst reguliert, nehmen die Schädlinge nicht überhand.

TIPP!

Wildbienen, Hummeln, Schwebfliegen, Käfer und Schmetterlinge sind wichtig für die Befruchtung, denn ein großer Teil der heimischen Blütenpflanzen braucht eine Tierbestäubung.

Schädlinge natürlich im Zaum halten

Foto © Wrbka-Fuchsig

Sogenannte Nützlingshotels fördern die Ansiedlung hilfreicher Insekten noch zusätzlich.

- Richtiger Standort
- Ausreichende Dränage und geeignetes Substrat
- Mischkultur
- Mäßige Düngung, dem Nährstoffbedarf der Pflanzen entsprechend (ein Zuviel macht die Pflanzen anfälliger für Schädlinge)
- Nützlinge fördern
- Pflanzenjauchen
- Stärkungsmittel: Urgesteinsmehl, Homöopathika, div. Pflanzenstärkungsmittel
- Schneckenkorn: nur sparsam und nur solches mit Eisen-III-Verbindung verwenden (z. B. Ferramol)
- Regelmäßige Kontrolle

Spezielle Hochbeete

In therapeutischen Einrichtungen und im öffentlichen Raum kommt Hochbeeten eine besondere Bedeutung zu. Therapiehochbeete müssen speziellen Anforderungen genügen – sie sollen mit Rollstühlen unterfahrbar sein, die Infrastruktur muss so praktisch wie möglich sein. Besonders wichtig ist, dass mit der Bepflanzung attraktive Anreize zum Fühlen, Tasten und Schmecken gegeben sind. Im öffentlichen Raum spielen Hochbeete vor allem eine gestalterische Rolle: als Sinnbild kleiner Naturoasen auf jedem Boden und als ökologische und ästhetische Aufwertung monotoner Grünflächen.

Auch konische/schräg nach innen geneigte (sich nach unten verschmälernde) Hochbeete bieten bessere Beinfreiheit als gerade verlaufende.

Foto ©Jamie Hooper/Shutterstock.com

Hochbeete für besondere Bedürfnisse

In Therapiegärten im Rahmen von Betreuungseinrichtungen für ältere, kranke oder Menschen mit besonderen Bedürfnissen müssen Hochbeete sorgfältig an die Ansprüche und Möglichkeiten der Bewohner und Patienten angepasst werden. Die Planung und Ausführung erfordern spezielles Wissen und Einfühlungsvermögen. Der Materialwahl und der Dimensionierung sowie der Erreichbarkeit, der Bearbeitbarkeit und der Wegeführung wird besonderes Augenmerk geschenkt.

Gartentherapie

Den Garten und die Natur mit allen Sinnen zu erfassen, ist nicht jedem zugänglich, obwohl die therapeutische Wirkung des Umgangs mit der Natur und des Gärtnerns unumstritten ist. Daher wurde die „Gartentherapie“ ins Leben gerufen, die Menschen mit Beeinträchtigungen (krankheitsbedingt, entwicklungsbedingt, durch Behinderung oder durch bestimmte Lebensumstände) mithilfe gärtnerischer Tätigkeiten befähigt, mit sich selbst und der Umwelt auf besondere Weise in Kontakt zu treten und Wachstum, Entwicklung und Veränderung zu erfahren. Therapiegärten werden an die Bedürfnisse der Zielgruppen angepasst und erleichtern die Nutzung des Gartens.

Da für die Gartentherapie speziell ausgebildete Personen eingesetzt werden müssen und das nicht immer möglich ist, wird mancherorts von „Aktivbeeten“ statt „Therapiebeeten“ gesprochen. Diese werden z. B. in Senioren- oder Pflegeheimen von den Heimbewohnern zusammen mit ehrenamtlichen Mitarbeitern aus der Umgebung betreut. Die Bildung einer eigenen Gartengruppe und eine entsprechende Beschriftung der Hochbeete stellen die geregelte Nutzung und Betreuung sicher.

Therapiehochbeete

Besonders für ältere Menschen, Kranke und beeinträchtigte Personen ist die Anlage von Hochbeeten oft die einzige Möglichkeit, eine gärtnerische Tätigkeit auszuüben und Erfahrung mit Pflanzen und speziellen Kräutern und Gemüse zu sammeln. Besondere Konstruktionen ermöglichen dabei auch bewegungseingeschränkten Personen das Pflanzen, Pflegen und Ernten.

Hochbeete können durch einen breiten Rand, der auch als Abstell- und Arbeitsfläche dient, mit Rollstühlen unterfahren werden (Breite an der Oberkante: 80–110 cm, Breite an der Unterkante: 60–80 cm). Ist die Arbeitsfläche zu breit ausgeführt, kann man die Beetmitte im Sitzen gar nicht mehr erreichen. Daher ist es sinnvoll, breite Arbeitsflächen in der Mitte durch eine Einbuchtung bis zur Pflanzfläche zu durchbrechen oder lediglich die Schmalseiten des Hochbeets sehr breit und als Ablageflächen auszuführen und die Längsseiten gut zugänglich zu gestalten.

Tischbeete sind mehr oder weniger flache Wannen (Pflanztröge aus Holz oder Metall), die auf vier Tischbeinen stehen und mit Rollstühlen bequem unterfahren werden können. Es gibt runde oder eckige, frei stehende oder an Mauern einseitig angelehnte Tischbeete. Die meisten haben eine Wannentiefe von lediglich 20–30 cm. Daher eignen sich nur Jungpflanzen, Kräuter oder speziell an einen Trockenstandort angepasste Stauden (z. B. Lauch, Nelke, Lein, Königskerze, Natternkopf, Mauerpfeffer, Zwerg-Iris) für eine länger dauernde Bepflanzung bzw. eine Verwendung zur Saatanzucht. Die Höhe wird auf die zu betreuende Person (Rollstuhl, spezielle Sitzgelegenheiten …) abgestimmt. Auch ausgediente metallene Pflanztische von Gärtnereien leisten gute Dienste zur Anzucht von Jungpflanzen oder für kleine mediterrane Kräuter. Diese Tische sind meist mit

Rollen versehen, sodass sie sich verschieben lassen. Allerdings erhitzt sich das Material stark, wenn es länger in der Sonne steht, so kann es zu Verbrennungen sowohl bei hitzeempfindlichen Pflanzen als auch bei den betreuenden Personen kommen.
Wesentlich ist eine gute Zugänglichkeit, d. h. ein rollstuhltauglicher Wegebelag und ausreichender Abstand zwischen den Beeten, um den Rollstuhl manövrieren zu können.

Wabentische Als besonders praktisch haben sich Sechsecktische in Wabenform bewährt: Aus Lärchen- oder Eichenholz, mit Noppen- oder Teichfolie ausgekleidet und einer wasserfesten Siebdruckplatte als Boden sind diese Tische auch vorgefertigt im Handel erhältlich und bieten sechs Personen gleichzeitig Platz (Gesamthöhe: 90 cm, Gesamtbreite: 160 cm, unterfahrbare Höhe: 70 cm, unterfahrbare Breite: 70 cm, Tiefe: 20 cm, Leergewicht: ca. 80 kg).

Therapie für Kinder

Auch Kinder in schwierigen Lebenssituationen können über den Zugang zur Natur im Garten ohne Ängste aktiv werden, das Tempo selbst bestimmen und das Wachstum und die Veränderung wertfrei beobachten, experimentieren und Kreativität entfalten. Sie entwickeln über das Gärtnern spezielle Bindungen, positive Erfahrungen, Kontrolle und ihr Selbstbild.

Unterfahrbare Hochbeete Da der Bepflanzung von Tischbeeten durch die geringe Tiefe des Pflanztisches enge Grenzen gesetzt sind, wurden Hochbeete aus Holz entwickelt, die mit dem Rollstuhl zu unterfahren sind und trotzdem im mittleren Bereich Bodenkontakt aufweisen, d. h. funktionell wie „echte Hochbeete“ zu verwenden sind. Diese werden auch als fertige Bausätze angeboten: z. B. aus massiven, 5 cm dicken Bohlen aus Douglasienholz und mit Einlagen aus Edelstahl (Maße: 180 cm lang × 120 cm tief × 78 cm hoch). Das Hochbeet ist von beiden Seiten zu unterfahren, sodass zwei Gärtner gegenübersitzend am selben Hochbeet arbeiten können. Dieses Hochbeet bietet den großen Vorteil, dass auch Tiefwurzler gepflanzt werden können, da ein direkter Erdkontakt besteht.

Die richtigen Pflanzen

In Therapiegärten muss die Pflanzenauswahl besonders sorgfältig überlegt werden. Sie soll

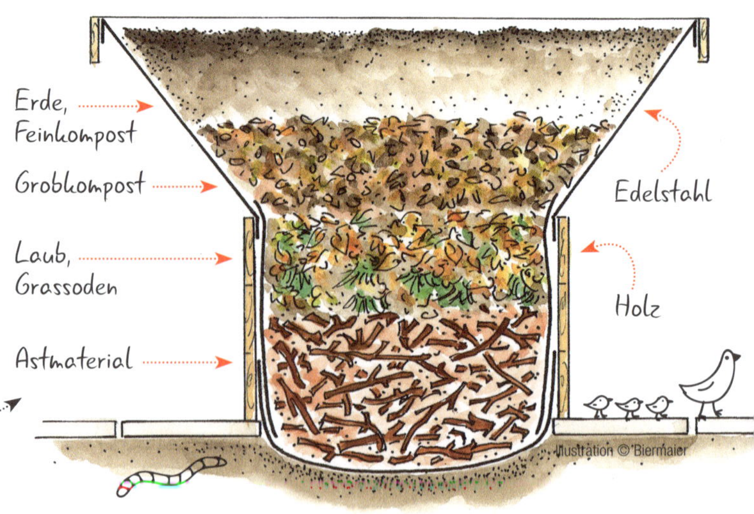

Dieser Hochbeettyp ist mit dem Rollstuhl unterfahrbar und bietet trotzdem alle Vorteile eines „echten Hochbeets“.

den örtlichen Gegebenheiten wie Klima, Lage und Form der Beete und auch den Bedürfnissen der Nutzer/-innen und pflegenden Personen ganz genau entsprechen. Da die Sinneswahrnehmung besonders bei beeinträchtigten Personen sehr wichtig ist, müssen die Pflanzen die Sinne auf ganz spezielle Weise ansprechen: Sei es der Duft, die Blütenfarbe, die Blattstruktur, der Geschmack von altbekannten Kräutern und Obst oder ein Lichtspiel durch die Laubkrone – all diese Eindrücke wecken das Interesse und Erinnerungen (Gedächtnisübungen). Vor allem bei Langzeitpatienten sollte man auch auf spezielle Wünsche (Lieblingspflanzen) Rücksicht nehmen, da die Identifikation mit der eigenen Pflanzenauswahl sehr zur Motivation beiträgt.

Ganz allgemein muss bei der Auswahl der Pflanzen an erster Stelle ein Verzicht auf Giftpflanzen stehen, und auch stachlige Pflanzen oder Gewächse, die bei Berührung Hautreizungen auslösen können, sollten gemieden werden.

Heimische, pflegeleichte, robuste Pflanzen sind Erfolg versprechend. Artenvielfalt, Blütenreichtum und ein intakter Naturgarten, in dem auch viele Tiere zu erleben sind, stehen im Vordergrund. Wenn im Jahresverlauf immer etwas Neues blüht oder fruchtet, werden alle Sinne angesprochen und für Abwechslung ist gesorgt. Der Naturbezug wird durch das Erleben der Jahreszeiten verstärkt.

Spezielle Gartengeräte

Um die Bepflanzung und Pflege möglichst einfach und nachhaltig durchführen zu können, sollten genügend große Ablageflächen in der Nähe des Beets vorhanden sein. Ein Beetrand kann etwas breiter ausgeführt werden, um das Ablegen von Arbeitsgeräten (wie Harken, Schaufeln oder Gießkannen) zu ermöglichen. Zu breite Ränder auf den Längsseiten können die Erreichbarkeit der Beetmitte verhindern, daher wird idealerweise eine Schmalseite verbreitert.

Für die Pflege von Hochbeeten durch körperlich benachteiligte Personen sind eigene Arbeitsgeräte entwickelt worden, wie beispielsweise Greifer, längenverstellbare Gerätestiele, Leichtholz- oder Aluminiumstiele, Kehrschaufeln mit Stiel, Gartenkrallen, Handhacken, Handschaufeln und viele mehr.

Wichtige Voraussetzungen für Therapiehochbeete

1. Behinderten- und seniorengerechtes Arbeiten im Stehen und im Sitzen.
2. Mit Rollstühlen unterfahrbar.
3. Mehrere Personen sollten gleichzeitig daran arbeiten können.
4. Das Beet soll sowohl für Blumen als auch für Kräuter und Gemüse geeignet sein.
5. Wasseranschluss in der Nähe.

Pflanzen für Therapiegärten

- Pflegeleichte, standortgerechte Pflanzen
- Duftpflanzen
- Kräuter mit besonderem Geschmack
- Weiche Blätter
- Besonders farbintensive Blüten
- Blüten, die Schmetterlinge und andere Insekten anlocken
- Früchte mit besonderem Zierwert
- Rasch keimende Samen, rasch wachsende, robuste Stauden
- Wogende Gräser
- Pflanzen mit „Erinnerungswert"

Hochbeete für besondere Situationen

Vielfalt im öffentlichen Raum

Öffentliche Grünflächen zeichnen sich oft durch Monotonie oder besonders schlechten Boden aus und sollten möglichst rasch und kostengünstig attraktiv gestaltet werden. In diesen Fällen können Hochbeete reizvolle Akzente setzen.

Auch in Gemeinschaftsgärten, in denen der Großteil der Gartenfläche von den Mietern gemeinsam genutzt wird, sind Hochbeete zur Gestaltung des eigenen Nutzgartenbereichs ideal. Hier können sich Bewohner/-innen ihre ganz individuellen Gartenwünsche erfüllen. Jeder ist für Anlage und Pflege selbst verantwortlich. Hochbeete können in Kindergärten, in Schulen, in Lehrlingsheimen und auch in Seniorenheimen von den Bewohnern betreut werden. Auch zur sinngebenden Beschäftigung von Flüchtlingen und Asylanten in entsprechenden Einrichtungen können Hochbeete beitragen. Der gemeinsame Aufbau und die Pflege der Beete, die individuelle Bepflanzung und auch die Ernte und Vermarktung der Produkte können interessante Projekte entstehen lassen.

Sinnvoll verwendet und hübsch anzusehen: ein „Hochboot" der anderen Art.

„Hochboote" aus Weidengeflecht sind meist nicht sehr hoch, sind aber einfach hergestellt, sehen hübsch aus und eignen sich aufgrund ihrer Höhe sehr gut für Kinder. In Wien wurden solche Beete in der „Junior City Farm Schönbrunn" mit Gemüse und Kräutern bepflanzt.

Auf Rasenflächen können lebende Weidenruten als Stützen für das Hochbeet verwendet werden, die Austriebe müssen allerdings regelmäßig geschnitten werden. Üblich ist es, tote Hölzer miteinander zu verflechten. Besonders hübsch sieht es aus, wenn man bunte Weidenruten (grüne, gelbe oder rote, einjährige Zweige von Sal- und Dotterweide) verwendet. Leider verblassen diese nach einiger Zeit.

Ein großer Vorteil des Weidenhochbeets liegt darin, dass mit den biegsamen Weiden nahezu alle erdenklichen Formen entwickelt werden können. (Mehr zu Weidenhochbeeten siehe Seite 30.) Auch ausgediente, „leck geschlagene" Boote können attraktiv bepflanzt werden.

Metallhochbeete Die Verwendung von Bandstahl oder rostigem Eisen als Einfassung eines Hochbeets ist eine interessante Alternative mit reizvollen Farbkontrasten. Besonders hellgrüne oder auch silbrig graue Blätter wirken in Kombination zum Rostrot des Materials sehr schön. Metall erhitzt sich leicht, kann aber von Schnecken nicht so leicht erklommen werden.

Kreatives Hochbeetallerlei Hochbeete im öffentlichen oder halb öffentlichen Raum können auch aus ausgedientem, vor Ort zur Verfügung stehendem Material bestehen, das an den ursprünglichen, historischen Zweck der Gebäude erinnert: beispielsweise alte Leiterwägen, Boote, ausrangierte Maschinen.

Hochbeete auf Dachterrassen

In dieser speziellen Situation müssen vor allem die Statik und Dichte der darunterliegenden Gebäudefläche beachtet werden. Das Material des Hochbeets sollte so leicht wie möglich sein (Holz ist leichter als Ziegel und Stein), denn die Erde wiegt bei Nässe beträchtlich: Hier wählt man zur Befüllung am besten statt Gartenerde ein leichtes Dachsubstrat, dem reifer Kompost beigemischt werden kann.

Auf Balkonen und Dächern ist meist die Sonneneinstrahlung höher und der Wind stärker als in einem geschützten Garten zu ebener Erde. Dies muss vor allem in Bezug auf die Bewässerung, die am besten automatisiert wird, beachtet werden! Die Größe des Hochbeets sollte also nicht zu klein gewählt werden, da es sonst zu rasch austrocknet. Sträucher und Bäume müssen sehr gut verankert werden, damit sie vom Wind nicht umgeworfen werden können.

Kräuterhochbeete können aus Leicht-/Hohlziegeln oder Tuffsteinen errichtet werden (Herkunft beachten – Tuff ist selten!). Die meisten Kräuter gedeihen auf relativ wenig Substrat, eine gute Dränage ist wichtig. Dachsubstrat für Extensivbegrünung bzw. Leca, grober Sand und reifer Kompost haben sich bewährt.

Gemüsehochbeete werden am Dach meist aus Holz gebaut und mit Dachsubstrat, gemischt mit reifem Kompost, befüllt.

Bigbags sind eine rasche, kurzfristige und kostengünstige Lösung, nicht nur für Balkon und Dachterrasse. Von einer französischen Firma werden auch sogenannte BACSAC® angeboten, sehr flexible Pflanzcontainer aus doppelwandigen, recyclingfähigen Geotextilien, die sowohl luft- und wasserdurchlässig als auch frost- und UV-Strahlenresistent sind.

Foto © Wrbka-Fuchsig

Ein BACSAC® ist durch sein geringes Gewicht vor allem für Balkon und Dachterrasse geeignet.

Foto © Biermaier

Eine Mini-Hochbeet-Lösung mit Plastikflaschen an der Wand, in denen der Salat auch gut gedeiht. Diese Variante ist bei regelmäßiger Wasserversorgung auch für Balkon oder Dachgarten geeignet.

Infos und Adressen

Literatur

Amt der NÖ Landesregierung:
Der NÖ Naturgarten-Ratgeber.
St. Pölten 2005

Bauer, W.; Hochegger, K.:
Gemüsebau im Hausgarten.
Österr. Agrarverlag, Wien 2001

Fauler, H.; Hemmelmeier-Händel, B.; Schauer, K:
Freiräume für Pflegeheime.
NÖ Landesregierung, 2010

Kleinod, B.:
Das Hochbeet.
pala-verlag, Darmstadt 2010

Kleinod, B.:
Neue Ideen für Hochbeete.
pala-verlag, Darmstadt 2011

Kreuter, Marie-Luise:
Der Biogarten.
BLV-Verlag, München 1988 und neuere Auflagen

Österreicher I.; Roth, T.:
Trockensteinmauern für naturnahe Gärten.
cadmos Verlag, Schwarzenbek

Rausch, A.; Lotz, B.:
Dumonts Kleines Kräuterlexikon.
Dörfler-Verlag, Eggolsheim 2004

Roth, T.:
Weidenbauten für naturnahe Gärten.
cadmos Verlag, Schwarzenbek

Treml, F.-X.:
Kräuter aus dem Garten.
Kosmos Verlag, Stuttgart 2007

Nützliche Links

www.biozac.de

www.klostergarten-jerichow.de

www.hochbeetgarten.de

www.bio-garten.at

Bezugsquellen für spezielle Hochbeetsysteme

www.bio-garten.at

www.gartenallerlei.de/Unterfahrbares-Hochbeet

www.gartenallerlei.de/Kokos-Hochbeet-Gr1-hoch

www.hochbeete.eu

www.hochbeet.net

www.hochbeete-bauen.at
(Firma Schweitzer, ab Frühjahr auch zu beziehen über Bellaflora)

www.weidenprofi.de
Bezugsquelle für Weidengeflecht aller Art

Impressum

LANDLEBEN in CADMOS Verlag

Titelgestaltung, Layout und Satz:
Das Agenturhaus, München;
www.agenturhaus.com

Projektleitung:
Christine Weidenweber; verbene.eu

Lektorat:
Ing. Barbara P. Meister MA; FachLektor.at

Umschlagfoto
Vorderseite Cora Mueller/Shutterstock.com
Rückseite Biermaier, EsHanPhot/Shutterstock.com
Gajus_R/Shutterstock.com, Wrbka-Fuchsig, freepik.com
Bilder im Inhalt von: shutterstock.com,
fotolia.com, freepik.com
Zeichnungen Innenteil: Biermaier

Haftungsausschluss:
Für die Richtigkeit der Angaben wird trotz sorgfältiger Recherchen keine Haftung übernommen.

Druck:
Himmer GmbH Druckerei & Verlag, Augsburg

Deutsche Nationalbibliothek – CIP-Einheitsaufnahme
Die Deutsche Nationalbibliothek verzeichnet diese Publikation in der Deutschen Nationalbibliografie; detaillierte bibliografische Daten sind im Internet über http://dnb.ddb.de abrufbar.

Printed in Germany

ISBN: 978-3-8404-8252-6